NEWTON GUIMARÃES JR.

UM TIME PRA CHAMAR DE SEU

Como enfrentar (e vencer) o desafio de engajar pessoas e acelerar equipes que geram resultados extraordinários

Diretora
Rosely Boschini

Gerente Editorial Pleno
Franciane Batagin Ribeiro

Assistente Editorial
Larissa Robbi Ribeiro

Produção Gráfica
Fábio Esteves

Preparação
Algo Novo Editorial

Capa
Sagui Estúdio

Projeto Gráfico e Diagramação
Gisele Baptista de Oliveira

Revisão
Mariana Marcoantonio
Amanda Oliveira

Impressão
Bartira Gráfica

CARO(A) LEITOR(A),

Queremos saber sua opinião sobre nossos livros. Após a leitura, siga-nos no **linkedin.com/company/editora-gente**, no TikTok **@EditoraGente** e no Instagram **@editoragente** e visite-nos no site **www.editoragente.com.br**. Cadastre-se e contribua com sugestões, críticas ou elogios.

Copyright © 2023 by Newton Guimarães Jr.
Todos os direitos desta edição são reservados à Editora Gente.
Rua Natingui, 379 – Vila Madalena
São Paulo, SP – CEP 05443-000
Telefone: (11) 3670-2500
Site: www.editoragente.com.br
E-mail: gente@editoragente.com.br

Dados Internacionais de Catalogação na Publicação (CIP)
Angélica Ilacqua CRB-8/7057

Newton Junior
  Um time pra chamar de seu! : como enfrentar (e vencer) o desafio de engajar pessoas e acelerar equipes que geram resultados extraordinários / Newton Junior. - São Paulo : Gente Autoridade, 2023.
  192 p.

ISBN 978-65-88523-65-0

1. Desenvolvimento profissional 2. Liderança 3. Grupos de trabalho I. Título

23-1100   CDD 658.4

Índices para catálogo sistemático:
1. Desenvolvimento profissional

NOTA DA PUBLISHER

O sucesso de uma empresa depende da confluência de muitos fatores. Mas se você precisasse elencar apenas um como o ponto mais importante para isso se tornar realidade, qual escolheria? A organização do ambiente? Alinhamento semanal com a equipe toda? Uma liderança voltada somente para resultados? Liderados conformados? Bem, a verdade é que o sucesso de uma empresa depende da equipe como um todo. Ter uma equipe de sucesso é a garantia para gerir uma empresa de sucesso.

Se tem algo que você precisa saber – caso ainda não saiba – é que a sua equipe é o recurso mais valioso da sua empresa. Agora, você pode estar se perguntando: E o que eu devo fazer para montar uma equipe de sucesso? O primeiro passo para alcançar esse patamar é ser um líder-gestor atento ao que a equipe diz e sente no dia a dia. Isso implica em ser um líder com aspectos humanizadores.

Neste livro, Newton Guimarães Jr. nos mostra como é fundamental saber gerir um ambiente com pessoas de modo humanizado. Afinal de contas, lidar com pessoas exige uma mente flexível, sensível e assertiva. Você, atual ou futuro líder e gestor, se beneficiará muito do conhecimento desta obra e conseguirá chegar em novos patamares ao terminar a última página.

Bem-vindo(a) ao universo das equipes de sucesso! Boa leitura.

ROSELY BOSCHINI
CEO E PUBLISHER DA EDITORA GENTE

DEDICO ESTE LIVRO AOS MEUS PAIS,
QUE ME FORMARAM PARA TER UMA
MENTALIDADE VOLTADA A APRENDER
SEMPRE E CONSTRUIR, ASSIM, MINHA
AUTONOMIA. ESPERO DEIXAR O MESMO
PARA MEUS FILHOS. PARA ELES
E PARA A MINHA ESPOSA, DEDICO
O PROPÓSITO DE UMA VIDA.

AGRADECIMENTOS

Primeiro, minha gratidão a Deus, que está sempre presente nos meus passos, e a tudo que Ele me permite fazer. Agradeço por ter uma família e filhos que amo e por ter o propósito de cuidar deles. Agradeço o sentimento genuíno de ajudar pessoas, o que me motiva a criar e a construir.

Agradeço à Aline, minha esposa, por ser uma inspiração diária. A grandes apoiadores da minha jornada, como Thiago e José Larrosa, Ian Corrêa, Osmir Pelegrini, o mentor Vilmar Ferreira, Rosemeire Matos e muitos outros.

Agradeço à Carmem Barreto, que me corrigiu e enriqueceu meu texto com suas sugestões; à Fran, que o editou. E, enfim, agradeço a uma determinação que vem me acompanhando há anos no intuito de deixar um legado importante, que se fortalece com este livro.

SUMÁRIO

PREFÁCIO, **10**

APRESENTAÇÃO
ENSINANDO A LIDERAR, 12

INTRODUÇÃO
CONSTRUINDO O LÍDER-GESTOR, 14

CAPÍTULO 1
A ENCRUZILHADA, 20

CAPÍTULO 2
400 METROS COM BARREIRAS, 32

CAPÍTULO 3
A GESTÃO DE MACROINFLUÊNCIA, 44

CAPÍTULO 4
ENXERGAR DO MACRO AO MICRO, **56**

CAPÍTULO 5
PRIMEIRO, OS ALICERCES, **66**

CAPÍTULO 6
INSTIGAR, **76**

CAPÍTULO 7
DESENVOLVER BONS HÁBITOS, **88**

CAPÍTULO 8
SER PRESENTE, **102**

CAPÍTULO 9
CONVERTER CICLOS VITORIOSOS, **116**

CAPÍTULO 10
AS QUATRO LUPAS, **130**

CAPÍTULO 11
A MILHA EXTRA: FORMAR MISSIONÁRIOS, **156**

CAPÍTULO 12
UNINDO AS ENGRENAGENS, **166**

CAPÍTULO 13
UM ENCONTRO TRANSFORMADOR, **176**

CAPÍTULO 14
A FORÇA DE UM LEGADO, **184**

PREFÁCIO

CONSIDERANDO MINHA EXPERIÊNCIA DE VIDA ATÉ OS DIAS ATUAIS – sendo boa parte dela pautada em todas as nuances do empreendedorismo –, eu sempre enxerguei a liderança como uma das atividades humanas mais desafiadoras, e não apenas do nosso século, mas de todos os tempos. Veja bem: exercer a autoliderança em nossa própria vida já é um desafio estarrecedor, pois demanda atitudes e conceitos que podem facilmente ser manobrados a partir de nossos desejos e caprichos. Agora imagine extrapor os preceitos da liderança para os outros.

Após ter tido o privilégio de ser convidado pelo Newton Guimarães Jr. para fazer o prefácio desta obra, logo pensei: Quais elementos ele deve trazer em seu miolo para desmistificar ainda mais o tema liderança no século atual? Em Um time pra chamar de seu, eu pude entender que a fórmula mágica não está em uma invenção mirabolante que vai solucionar os problemas de todas as empresas e melhorar suas performances, mas em aprimorar de maneira singular o potencial existencial e complexo que existe dentro de cada ser humano. Acredite ou não, mas todos nós podemos ter (e temos) habilidades internas que podem nos colocar na linha de comando de qualquer corporação, desde que tenhamos as instruções para ler esse mapa. E, de certa maneira, é isso que também torna o livro tão atrativo, pois toda pessoa que pensa em desenvolver seu mindset, sua psique, sua "caixa de ferramentas", pode e deve se aprofundar nas páginas seguintes.

Indo além, ele toca em pontos importantes para que o senso de pertencimento e a motivação se mantenham firmes. Encontrar um motivo

PREFÁCIO

para ação pede atenção significativa, pois a razão que motiva alguém no ambiente de trabalho pode ser completamente diferente de uma pessoa para outra. Outro ponto que também merece destaque aqui é o olhar aprofundado em cima da macroinfluência, seara que, inclusive, norteia o ponto focal deste manual. Newton, após realizar uma criteriosa análise do ecossistema corporativo, entendeu que o processo da liderança começa a partir de um olhar mais aguçado do macro para o micro. O conceito é expandido, observado e entendido de fora para dentro, para que tudo possa ser guiado com mais entendimento de todos os aspectos e comportamentos do dia a dia.

Sabemos que a função do líder é conduzir pessoas e conectá-las às metas para que as corporações atinjam seus resultados. No entanto, o que resumidamente parece simples, não é tão fácil assim. A liderança que tanto almejamos envolve sensibilidade e flexibilidade, já que praticamente a sua influência repercute em tudo o que acontece na empresa e tem o poder de impactar e conduzir os colaboradores de maneira assertiva ou não.

Gostaria de encerrar este texto com uma frase do Abraham Lincoln, que sabiamente pontuou que "A maior habilidade de um líder é desenvolver habilidades extraordinárias em pessoas comuns". Que nunca percamos esse desejo pelo extraordinário, pois só mentes dispostas alcançam coisas grandiosas. Desejo que este livro, de alguma forma, consiga trazer transformações grandiosas para a sua vida e o seu ambiente profissional.

Um forte, caloroso e fraterno abraço,

JANGUIÊ DINIZ
FUNDADOR E CONTROLADOR DO GRUPO SER EDUCACIONAL
PRESIDENTE DO INSTITUTO ÊXITO DE EMPREENDEDORISMO

APRESENTAÇÃO
ENSINANDO A LIDERAR

POUCAS PESSOAS TÊM A HABILIDADE DE TRADUZIR EM PALAVRAS O conhecimento estratégico que envolve a construção de um bom relacionamento entre um verdadeiro líder e sua equipe, respeitando as individualidades e o caráter coletivo igualitariamente. É com esse dom raro que Newton Guimarães Jr. conduz as páginas deste livro que você está prestes a ler.

Valendo-se de sua experiência em iniciativas voltadas para o desenvolvimento social como a Associação Escola de Campeões, sediada em Caucaia (CE), que estimula as competências e potencialidades do indivíduo favorecendo a formação cidadã e o aprimoramento pessoal, a Vox Líderes e os anos de relacionamento profissional com o grupo Aço Cearense, bem como o profundo conhecimento em inteligência relacional e gestão de macroinfluência, Newton nos revela elementos indispensáveis para quem deseja alcançar sucesso no papel de liderança e, acima de tudo, se tornar exemplo e referência como gestor, qualquer que seja o tamanho da organização em que atue. O leitor é convidado a conhecer os diversos estágios e processos para a formação de um ambiente confiável, acolhedor e que estimule a produtividade.

Utilizando estratégias que desencadeiam no colaborador os sentimentos de pertencimento, segurança, relevância, confiabilidade, vontade de crescer e de aperfeiçoamento, o autor nos mostra ao longo dos capítulos que o caminho a percorrer não é curto nem fácil, mas que, com disciplina e o conhecimento adequado, é possível atingir o objetivo e a excelência.

Dono de um texto criativo, leve e de fácil compreensão, Guimarães Jr. mostra com clareza cada um dos passos a serem seguidos, tudo cuidadosamente detalhado, exemplificando cada etapa e apresentando cada desafio que precisa ser superado no decorrer da caminhada.

Este livro se torna uma leitura fundamental para quem decide ingressar no mundo mercadológico, do empreendedorismo e da gestão de pessoas com a responsabilidade da liderança e a meta dos bons resultados, objetivando transformar a realidade própria, dos liderados, do ambiente de trabalho e do mundo.

Boa leitura!

IAN CORRÊA
VICE-PRESIDENTE DE OPERAÇÕES DO GRUPO AÇO CEARENSE
GRADUADO EM CIÊNCIAS DA COMPUTAÇÃO, MESTRE EM ADMINISTRAÇÃO
COM ÊNFASE EM INOVAÇÃO, ESTRATÉGIA E CULTURA ORGANIZACIONAL

INTRODUÇÃO
CONSTRUINDO O LÍDER-GESTOR

AOS 10 ANOS, BARACK HUSSEIN OBAMA[1] SE VIROU PARA A SUA AVÓ, que cuidava dele em Honolulu, e disse: "Meu sonho é ser presidente dos Estados Unidos". Ela olhou para o neto e talvez tenha pensado: *Este menino é um negro mestiço, filho de um homem negro, queniano da tribo luo, e de uma mulher branca, estadunidense, que estão separados por dois continentes. Ele tem padrasto indonésio, é nascido no Havaí e carrega um nome muçulmano...* Depois de algum tempo, porém, a avó olhou para o garoto e respondeu: "Yes, you can", frase que se transformaria no slogan da campanha de Obama, da qual saiu vitorioso quando se tornou o 44º presidente dos Estados Unidos e o primeiro afro-americano a ocupar o cargo.

Todos somos líderes. Ainda que de nós mesmos ou em diferentes esferas. Seja na sua casa, como mãe ou pai, seja na sua comunidade, em algum momento você precisará assumir a posição de líder. Liderança é um aspecto inerente ao ser humano, está no nosso DNA. E ignorar essa possibilidade pode estagnar o seu processo individual de crescimento, já que a evolução nos exige esse movimento constante.

É claro, porém, que nem todo mundo deseja gerir pessoas. Há quem prefira ser um especialista e crescer como tal. No entanto, essa decisão não deve ser motivada pelo receio de assumir uma equipe e falhar. Talvez,

---

[1] OBAMA, B. **A origem dos meus sonhos**. São Paulo: Gente, 2008. (Adaptado.)

neste exato momento, tal sentimento esteja impedindo muitas pessoas de brilharem.

O objetivo deste livro é que todos possam ir além. Estou seguro de que você conseguirá perceber um caminho lógico e possível para alcançar o sucesso como líder-gestor – com uma gestão da excelência, que envolve muitos elementos, além da própria liderança.

Nesta obra, você entenderá como o ecossistema no qual vivemos e trabalhamos influencia decisivamente os resultados da equipe e como é fundamental aprender a geri-lo. Também compreenderá a importância de se conectar aos seus liderados, entendendo que isso está ligado a como eles o sentem, como o leem e como percebem o quanto você pode agregar valor a eles, de maneira gradativa e consistente.

Este conteúdo é dirigido ao líder atuante, experiente, que sente que precisa rever diretrizes, ajustar rotas e reciclar. E também a quem acabou de assumir uma equipe e está perdido sobre como fazer o trabalho. Mas, principalmente, ao aspirante a líder, que está em vias de assumir uma posição de comando (talvez esteja sendo sondado para uma promoção), ou que hoje só sonha com isso, mas que já tem dentro de si o desejo de expandir horizontes, implantar novas ideias e novos caminhos, ganhar mais autonomia na organização.

Precisamos aceitar que não fazemos nada sem as pessoas, e qualquer modelo de gestão atual deve ter o bem-estar delas como objetivo maior. São elas que nos abrem as portas dos resultados e podem se tornar verdadeiras missionárias de uma proposta ou um propósito, oferecendo o melhor de si mesmas para o sucesso individual e coletivo. Qualquer organização precisa de líderes que conduzam pessoas dessa maneira. Afinal, são esses líderes que formam times de alta performance, e com isso também agregam valor a si mesmos.

E, sim, você pode ser um deles!

Começaremos nossa jornada compreendendo o que passa na cabeça de pessoas que estão estagnadas, limitadas por suas crenças, mas que se dispõem a superá-las. Ao "entrar na mente desse avatar", encontraremos os elementos que mais nos afetam, e eu convido você a trabalhar neles. Em seguida, mostrarei as barreiras naturais que impedem mais executivos de se tornarem grandes líderes-gestores.

UM TIME PRA CHAMAR DE SEU

Tudo se aprende com um bom método que, passo a passo, ensine algo. Aqui você vai conhecer a Gestão de Macroinfluência (GMI) e, a partir dela, entenderá como construir uma máquina de engajamento que funcione mesmo quando você não estiver presente. Meu objetivo é que, ao seguir um modelo que permita olhar do macro ao micro, e sabendo "onde apertar o parafuso correto", você conquiste um sucesso previsível com sua equipe, sem a necessidade de grandes intervenções individuais.

São essas intermináveis intervenções que tiram o sono de muitos gestores e provocam imenso desconforto nos executivos que tremem somente de imaginar estar no lugar deles. Na verdade, isso apenas torna esse gestor um servo de todos. E, sem corrigir a raiz do problema, o erro se repete e o transforma em um "gestor-bombeiro", que vive apagando incêndios. Lembre-se: não seja um deles. Seu papel mais importante é agir na raiz dos conflitos e superá-los, conduzindo seu time ao êxito.

Toda equipe tem por objetivo conquistar vitórias, e à medida que você conduz pessoas diferentes a destinos comuns e permite que elas se superem, conquista cada vez mais engajamento. Isso é alcançado ao se converter ciclos de maneira estruturada, melhorando a cada nova etapa. É o que deve estar na rotina do gestor de um time de alto valor. Nesta obra, você entenderá a importância das boas rotinas, que produzem bons hábitos que, por sua vez, sustentam um bom ecossistema.

Esse ecossistema, formado pela interação de quatro elementos essenciais – vínculos, ambientes, processos e competências – exerce uma macroinfluência determinante nos resultados de todos. Logo, conforme você o aperfeiçoa, seu trabalho se torna mais simples. O segredo é entender essa dinâmica e saber utilizar ferramentas que de fato o ajudem nessa tarefa. Com isso em mãos, ninguém precisa ter o receio de assumir uma equipe e fracassar.

Eu já fracassei e aprendi com muita amargura. Na minha história, passei por quase todos os conflitos mais comuns na gestão. Engenheiro de formação, percorro o mercado empresarial há quase trinta anos. Empreendi de variadas formas, desde o gerenciamento de uma academia (serviços), de lojas e distribuidora (comércio) e de uma fábrica de móveis (indústria), até me estabelecer na convergência de todos eles como empresário, consultor e gestor. Vivi algumas experiências boas e outras malsucedidas, mas todas me ensinaram muito, principalmente sobre a importância de construir e evoluir times fortes, que geram resultados. Sem eles, não somos nada.

Sempre fui um apaixonado por pessoas. Isso me levou a fundar, em 2006, um projeto social, que se transformou na Escola de Campeões, em Caucaia, no Ceará (instituição que começou com apenas trinta jovens e crianças que viviam em situação de vulnerabilidade e, hoje, atende mais de quinhentos beneficiários diretos e suas famílias). Já passaram por lá milhares de jovens que praticaram esportes, música, formação cidadã, receberam apoio no desenvolvimento de suas competências e inspiração para mudar a mentalidade – isso, muitas vezes, é do eles que mais precisam. São jovens que se transformam, assim, em "campeões da vida". Esse, sim, é o caminho. Para partilhar é preciso conquistar; e, para isso, é necessário eficiência.

Nas organizações, eficiência tem origem em pessoas competentes, produtivas e felizes, que acreditam realmente no que estão fazendo e em quem as conduz. Isso foi o que aprendi ao assumir o desafio, em 2006, de implementar no Grupo Aço Cearense – um dos duzentos maiores grupos do Brasil, apresentando faturamento superior a 1 bilhão de dólares – uma nova unidade de negócios, para estar presente no mercado do aço inoxidável. Foi a oportunidade de me reconectar com minha formação de engenheiro metalúrgico e fomentar ainda mais a veia comercial – e também de trabalhar com pessoas incríveis, melhores do que eu em diversos aspectos. Assim, essa unidade tem crescido dois dígitos ao ano nas duas últimas décadas. Juntos, formamos um time de alto valor, mantendo uma cultura centrada nas pessoas, que dá segurança, acolhe, instiga e forma missionários.

A ideia desta obra está ligada a uma história que começa quando conheci Edu Lyra e me apaixonei por um novo modelo de gestão de pessoas e equipes, centrado no poder de influência de uma liderança transformadora. O Edu, fundador do Gerando Falcões,[2] me encantou com sua capacidade para influenciar pessoas e engajá-las em suas propostas.

---

[2] Para conhecer mais sobre o projeto, que tem como objetivo ser um ecossistema de desenvolvimento social e contribuir com o fim da pobreza nas favelas, acesse: https://gerandofalcoes.com.

UM TIME PRA CHAMAR DE SEU

Naquele momento, entendi que havia uma vertente poderosa que precisava ser entendida e replicada.

Ao longo do tempo, me aprofundei no desenvolvimento de pessoas e times, percorrendo formações nacionais e internacionais, pós-graduação em Gestão de Equipes, especialização em Negociação, formação Master Coach e participando de um pequeno grupo mentorado por um dos ícones do desenvolvimento humano no país: Paulo Vieira. Comecei a pesquisar as diversas vertentes da liderança no Brasil e no mundo para conectá-las com a minha prática, e então passei a desenhar um método de gestão focado nas pessoas e que gere grandes resultados. Isso, por sua vez, originou inúmeros treinamentos por intermédio da Vox Líderes e, em cada um deles, surge oportunidades para os naturais ajustes e a validação das ideias propostas.

Foi quando me deparei com a dor de executivos excelentes, que haviam se frustrado ou estavam estagnados pelo receio de fracassar ao assumir uma equipe, que percebi ser necessário ir além do alcance dos treinamentos. Com isso em mente, nasceu o *Um time pra chamar de seu* – um conteúdo que o ajudará na sua trajetória para se tornar um líder-gestor de sucesso.

Mahatma Gandhi[3] dizia que, se pudéssemos mudar a nós mesmos, as tendências do mundo também mudariam. Toda transformação começa primeiro em nós, para então alcançar o coletivo. Eu também costumo defender a ideia de que "quando você muda, tudo muda ao seu redor". Então, para que o vejam como um líder, é importante que você comece a agir como um, viver isso na prática, ajustar sua postura, rever seu engajamento e suas competências o quanto antes.

Liderar é construir o mundo no qual se deseja viver; um mundo melhor para todos. A avó de Barack Obama não sabia, mas ela acendeu a chama do líder-gestor que estava lá dentro daquele menino usando três palavras e uma postura propositiva. Essa chama, por sua vez, acendeu milhares ou mesmo milhões de novas chamas. Eu acredito nisso! Você não sabe até onde suas palavras, suas ações e o seu exemplo podem chegar, mas, se

---

[3] GENERAL Knowledge About Health. **Indian Opinion**, Nova Delhi, p. 241, v. 13. 8 set. 1913.

tiver como foco a melhoria das pessoas e do ecossistema em que vive, somado à cultura da excelência que busca resultados para todos, é impossível isso não reverberar de alguma maneira. E talvez muito mais do que você imagina.

Acredite nisso também. Sim, você pode!

CAPÍTULO UM

A ENCRUZILHADA

Quando o multicampeão mundial de Fórmula 1 Sebastian Vettel saiu da Red Bull Racing, equipe na qual reinava soberano, nunca mais conquistou resultados tão expressivos como antes. Muitos se perguntavam se seu talento havia desaparecido. Do mesmo modo, há grandes pilotos que ocupam o assento de carros de equipes do segundo e terceiro escalão e, por mais que se esforcem, por mais que sejam diferenciados, dificilmente alcançam o primeiro lugar do pódio. O motivo? Se a equipe de troca de pneus falhar, se os engenheiros não encontrarem meios de evoluir tecnicamente o motor e a estrutura geral do veículo, ou se o projeto do carro não for vencedor, o talento individual será ofuscado pelos resultados apenas medianos do time como um todo.

Isso mostra a importância das equipes. Se não tivesse feito parte de um grande time, Vettel poderia não ter se transformado no vencedor que conhecemos. Quando as equipes funcionam bem, todos são beneficiados. Os talentos individuais ficam mais evidentes e os líderes se destacam. E qual é o elemento fundamental para obter um grande time? Isso mesmo: a liderança.

A empresária Luiza Trajano, do Magazine Luiza, certa vez disse que "líder é aquele que leva as pessoas mais longe do que elas acham que podem ir".[4] A própria Luiza é exemplo de uma liderança que gera resultados e nos inspira, assim como outros grandes líderes que citaremos nesta obra. Todos eles compreendem a importância das próprias equipes, pois sabem que elas estão na base de uma organização e podem tanto sustentar o sucesso quanto promover o fracasso de qualquer proposta.

Não há líderes perfeitos. Mesmo os mais promissores podem falhar; afinal, são humanos. O que podemos é aprender com os erros e economizar muito tempo e recursos com isso. Com a lição aprendida, seguimos para o próximo ponto de aperfeiçoamento, ajustando rotas e desenhando um planejamento estruturado (acessível e possível) no caminho da boa liderança. Em muitas situações, no entanto, assumir o protagonismo desse movimento acaba sendo um peso que poucos se sentem confortáveis de carregar, mesmo diante dos ganhos evidentes que uma oportunidade de liderança

---

[4] VIEIRA, S. A dona do varejo que inspira uma nação. **IstoÉ Dinheiro**, 18 dez. 2020. Disponível em: https://www.istoedinheiro.com.br/a-dona-do-varejo-que-inspira-uma-nacao/. Acesso em: 5 jan. 2023.

pode trazer. Existe o questionamento: Assumir uma posição de liderança me ajudará a crescer ou poderá destruir tudo aquilo que eu construí até então?

O *CASE* DE IGOR, ANDREIA, ARI E REBEKA[5]

"Talvez, neste exato momento, exista uma oportunidade de crescimento na sua carreira, mas você nem a enxerga, pois tem receio de gerir uma equipe e assumir os riscos de responder pelos resultados dela, enquanto outros menos competentes estão ocupando as oportunidades que poderiam ser suas." O comentário do amigo foi um divisor de águas na vida do Igor.

Estagnado na carreira, Igor vivia uma realidade cheia de limitações e não sabia como mudar isso. Mas, a partir daquela conversa, seguiu uma trilha contínua de evolução, superou obstáculos e acabou por se tornar uma referência. Essa caminhada o levou do posto de analista ao de supervisor, e depois coordenador, até finalmente chegar ao cargo de gerente de logística, em menos de dois anos. E, ainda hoje, Igor não para de crescer. Suas equipes geram ótimos resultados e evoluem a cada dia. Ele está agora em um ponto da carreira no qual é capaz de agregar valor a muitos colaboradores e a toda a organização. Por consequência, é natural que atraia para si cada vez mais ganhos. Hoje, ele se sente reconhecido e motivado para continuar a crescer. Chamaremos esse estágio de "Ponto Igor: a meta desejada".

Andreia, analista de TI da mesma organização, é uma mulher inteligente e comunicativa que sempre levou a sério tudo o que faz. Recentemente, assumiu o papel de mãe, mas não deixou de se esforçar mais do que qualquer um para entregar o seu melhor como profissional. Porém, sua vida começou a mudar em uma quinta-feira.

Nesse dia, Ari, um colega muito talentoso e esforçado, passou cabisbaixo pelo corredor, rumo ao estacionamento, sem falar com ninguém. Há pouco mais de três meses, ele havia sido promovido a coordenador da sua divisão, vitória muito comemorada entre os colegas. Estranhando o humor do companheiro de trabalho, Andreia resolveu questioná-lo e soube que ele havia sido demitido, mas ainda não havia tido coragem de avisar aos demais. A promoção, afinal, acabara sendo seu infortúnio.

---

5 Os nomes citados nos *cases* e exemplos foram alterados para proteger a identidade dos profissionais.

A ENCRUZILHADA

Todos os dias, essa cena se repete em alguma empresa do Brasil e do mundo. Isso acontece porque, em muitas organizações, não é lógico retroceder alguém para a antiga posição e, assim, sem alternativa, os superiores acabam optando, mesmo desconfortáveis, pela demissão do profissional.

Uma exceção para esse padrão foi o que ocorreu com a Rebeka, que precedeu o Ari no cargo. Ao se sentir insegura e desconfortável como gestora, ela procurou seu chefe e pediu para voltar ao posto anterior, alegando que poderia contribuir mais como especialista. Por sorte, teve seu pedido atendido, mas acabou com uma "etiqueta" colada na testa que dizia: "não disponível para promoções". E esse acaba sendo outro drama de muitos nessa posição. A trilha que leva aos principais cargos em uma organização é mais e mais estreita, e as oportunidades costumam ser escassas; portanto, bloquear promoções não é uma boa estratégia a longo prazo.

Andreia ficou bastante abalada com o que havia acontecido com Ari. Afinal, logo que Rebeka voltou ao grupo técnico, o nome dele se tornou a escolha natural para a substituição, e ela torceu muito pelo amigo. Mesmo percebendo que a equipe não estava performando bem como em outros momentos, também acreditava que era uma questão de tempo para que as coisas se ajustassem. Mas não houve esse tempo. Nos dias seguintes, alguns efeitos dessa lacuna deixada pelo Ari se tornaram mais evidentes e a equipe passou a esperar um novo gestor para colocar "a casa em ordem".

Foi então que Andreia recebeu um telefonema sendo convidada a comparecer à sala da gerência: "Andreia, tenho boas notícias! Você foi escolhida para assumir a gestão do time! Parabéns!".

O que deveria ser mesmo uma ótima notícia a deixou em choque. Não poderia mais fugir. Parte dela queria muito ouvir aquilo, mas preferiu dizer apenas: "Obrigada, mas não me sinto preparada para o desafio". Permaneceu em silêncio e ouviu o chefe sentenciar: "Não aceitarei um não como resposta". Andreia lembrou de Ari e Rebeka e se viu tomada por uma repentina dificuldade de se expressar. Então, virou-se e saiu pelo corredor, sem dizer nada. Seu racional a movia para que seguisse adiante, mas seu emocional paralisou o bom senso.

Por ser bastante exigente consigo mesma, ela temia profundamente não ser capaz de alcançar sucesso naquela nova função e não queria admitir isso para o chefe. O coração disparou. Se fosse para discutir sobre suas demandas como analista, sentia-se muito segura; mas gerir uma equipe e exigir resultados dos subordinados era completamente diferente. Sentiu-se em um campo minado. Finalmente, respirou fundo, olhou de novo para a sala do chefe, apertou o passo, abriu a porta e, estando cara a cara com ele, definiu o veredito: "Peço demissão". E não voltou mais.

Mesmo aparentemente exagerada, essa reação é bastante comum e mais recorrente do que se imagina. E sintetiza uma constatação: muitos executivos não se sentem nada preparados para liderar suas equipes, e outros têm real pavor de gerir pessoas.

Depois desse pedido de demissão, Andreia se viu desempregada, desamparada, precisando iniciar um novo processo, voltando algumas casas para trás no tabuleiro da trajetória profissional. Chamaremos esse estágio de "Ponto Andreia: o recomeço".

Seria possível determinar uma linha-guia desde o "Ponto Andreia" até o "Ponto Igor", de uma maneira simples e estruturada, e aplicá-la ao seu caso específico, independentemente do ponto em que você se encontra neste momento? Talvez você esteja como a Rebeka, que recuou após a promoção, ou como o Ari, que assumiu a liderança sem estar preparado para tal, ou até como a Andreia, que pediu demissão. Ou pode estar em um local intermediário, começando a se sentir confiante, mas ainda precisando ajustar a rota. É possível que esteja em uma trajetória de bons resultados e, mesmo assim, continue desejando evoluir e se estabelecer no ponto desejado.

Seja qual for a sua situação, a minha meta é conduzi-lo por uma jornada que permita o sucesso previsível como líder-gestor por meio de um olhar diferenciado para o tema. Pretendo provê-lo de ferramentas que deem suporte às suas iniciativas e permitam frutos consistentes. Vamos lá?

ENTRANDO NA MENTE DE UM AVATAR

No filme Avatar,[6] grande sucesso do cinema, humanos acessam a mente de outros seres para explorar o planeta deles. Ao assumir a personalidade

---

[6] AVATAR. Direção: James Cameron. Estados Unidos: 20th Century Fox, 2009. 1 DVD (162 min.).

do seu avatar, um dos humanos passa a compreender o que esse povo sente. Usando essa analogia, vamos entender o que se passa pela cabeça dos nossos personagens e quais são os conflitos deles.

ENTRANDO NA MENTE DA REBEKA

Questões pessoais foram seu maior desafio e a fizeram desistir da promoção. Ela lidava com perguntas que a atormentavam o tempo todo: *Conseguirei lidar adequadamente com aqueles que foram meus colegas até então? Serei aceita? Vou saber conviver com eles nesse novo papel ou acabarei sendo odiada?*

Rebeka tinha receio de não "acertar a mão" ao lidar com seus antigos pares e acabar "pegando leve" demais, o que poderia fazer que não fosse levada a sério; ou sendo dura demais e acabar se indispondo com aqueles que a conheciam como iguais. Ela temia não ser capaz de lidar com conflitos e estabelecer um equilíbrio entre todos. Observava, em algumas equipes, pessoas chegando desestimuladas logo de manhã e as via indo embora no final do dia completamente esgotadas. Rebeka queria ver seu grupo satisfeito e realizado, trabalhando uns com os outros em harmonia.

Para ela, eu diria: "Tenha calma, isso apenas demonstra que você se preocupa com as pessoas e deseja que elas estejam felizes, além de querer se sentir realizada nesta nova função. Há ferramentas que possibilitam realizar e validar esse objetivo".

ENTRANDO NA MENTE DO ARI

Ele desejava poder coordenar as atividades de maneira organizada e planejada, sem precisar sair fazendo tudo e perder a visão do todo; queria ser estrategista e não mais executor de demandas. Se deparava com o desafio de ser o maestro, o violinista e o tenor ao mesmo tempo. Ele estava sempre se questionando: *O que eu preciso entregar como gestor? O que esperam de mim?*

Ari atuava como um gestor-bombeiro. Ao observar sua conduta, podemos aprender a reconhecer esse caminho tortuoso, nada recomendável, e fugir dele. O gestor-bombeiro é aquele que vive apagando incêndios, corre de um lado para o outro o dia todo, não sai dos dois ou três celulares. É quem está constantemente administrando crises e conflitos, resolvendo problemas, desperdiçando o tempo que poderia ser destinado à evolução dos resultados do time. Na prática, enfrenta muito retrabalho, recorrentes aborrecimentos e a percepção constante de que as coisas não estão funcionando bem.

Para o Ari, eu diria: "Eu aprendi que há um caminho. Siga um roteiro, aprenda a delegar e tente novamente".

ENTRANDO NA MENTE DA ANDREIA

Ela receava ficar sob os holofotes, temia a crítica e a falha. A falha suscita o medo da crítica. Isso é mais que natural. Napoleon Hill, em seu livro A lei do triunfo,[7] inclui a crítica entre os seis maiores medos do ser humano, na terceira posição. Correr o risco de ser criticado costuma deixar as pessoas em estado de inércia. E o receio aumenta ao vislumbrar a possibilidade de ser colocado em destaque e ser visto por mais pessoas, estando mais exposto ao erro e ao julgamento alheio.

Quando viu Ari falhar, Andreia não somente sentiu pena dele, mas também de si mesma. Ela se colocou no lugar do colega e se viu falhando da mesma maneira. Esse medo de errar oculta a grande vontade de acertar. O problema é a falta de clareza para entender como tornar isso previsível. Sabemos que estar à frente de uma equipe com resultados medíocres é estar em um show de horrores. Isso impacta diretamente dois tipos de pessoas.

O primeiro tipo teme precisar responder pelos resultados da equipe, por entender que "pessoas são difíceis" ou "só fazem o que querem", e dessa maneira se convence de que não pode nem quer ser responsabilizado pelos outros. Eles acreditam que o líder é reflexo da sua equipe. John Maxwell,[8] um dos maiores formadores de líderes do mundo, afirma que, se temos um líder nota 7, a equipe dificilmente será além de 7. Pode oscilar entre uma nota 5 ou 6, nada além disso. Somente quando o líder

---

[7] HILL, N. **A lei do triunfo**. Rio de Janeiro: José Olympio, 2014.

[8] MAXWELL, J. **O líder 360°**. Rio de Janeiro: Thomas Nelson Brasil, 2015.

QUANDO AS EQUIPES FUNCIONAM BEM, TODOS SÃO BENEFICIADOS. OS TALENTOS INDIVIDUAIS FICAM MAIS EVIDENTES E OS LÍDERES SE DESTACAM.

evolui e alcança a nota 9 pode conduzir toda a equipe para uma performance melhor, talvez 8 ou 9. Logo, é verdade que a equipe expõe seu líder, mas não o colocando na posição de refém. A equipe é reflexo do seu líder, e não o contrário.

Esse não é o caso da Andreia, porém. Ela, muito responsável e comprometida, teme não entregar os resultados que a empresa deseja e espera. Esse é o segundo tipo de pessoa. Não tem receio de ser julgada pelos outros, mas rechaça profundamente a ideia de não atingir a performance desejada. Para ela, essa situação seria terrível mesmo que a empresa não notasse. Sua maior crítica é ela mesma.

Para Andreia, eu diria: "Tudo é reflexo de um bom trabalho, construído passo a passo. Haverá erros e acertos. Aprenda com ambos e siga em frente".

O OUTRO LADO DA MOEDA
ENTRANDO NA MENTE DO IGOR

Vivendo os mesmos receios, Igor tomou uma decisão diferente. E isso me lembra de uma história que escrevi[9] há mais de quinze anos:

Dois meninos brincavam de bola animadamente no quintal da casa de um deles. Em determinado momento, a bola caiu na casa do vizinho e ambos correram e pularam o muro para ver quem a pegava primeiro. Foi então que apareceram dois cachorros enormes, com os dentes saltando da boca, salivando com raiva ao avistar os invasores. Os dois garotos tremeram de medo. Um deles ficou paralisado diante do perigo e o outro praticamente bateu o recorde mundial de salto em altura. Os resultados desse evento na vida de ambos foram opostos. Para o que escapou, aquele medo o motivou a superar seus limites. Ao outro, restaram as consequências da sua inércia diante do pavor.

Todos receamos fracassar e temos a opção de deixar que esse sentimento nos domine ou usá-lo como motivação para encontrar uma saída.

Voltando a Igor, pensamentos fervilhavam em sua cabeça: E o que acontece se eu não fizer nada diferente? Como alcançarei meus objetivos

---

[9] GUIMARÃES JR., N. **O vendedor de almas**: a incrível descoberta. Fortaleza: Premius, 2016. (Adaptado.)

sem antes enfrentar os medos? Vale a pena me arrepender do que farei ou do que não farei? Enumerando os prós e os contras de assumir a liderança, ele percebeu que haveria muito mais benefícios do que desvantagens e que precisava pelo menos tentar. Entendeu que qualquer pessoa tem o direito de seguir em frente, sair da estagnação, crescer e aprender. Então, se moveu na direção do seu objetivo. E obteve frutos.

ESCOLHENDO A SUA ROTA

Os nossos avatares nos colocam diante de uma encruzilhada. De um lado, temos diversos motivos para não agir; de outro, muitas razões para decidir trilhar o mesmo caminho que Igor e chegar ao ponto desejado. Podemos continuar paralisados diante do desafio ou tentar pular o muro que nos separa do sucesso como líder-gestor.

Assim, para todos, eu diria: "Siga o seu coração. Tudo bem você ser um especialista, se é isso que realmente deseja. Mas caso sinta uma centelha de vontade de se tornar um líder-gestor de sucesso, saiba que a única premissa básica que todo líder deve ter é querer ajudar as pessoas. Ser um instrumento de transformação, levá-las para mais longe do que elas acham que podem ir".

Andreia, algum tempo após se demitir, recebeu uma nova proposta, mas dessa vez decidiu se preparar, superando suas limitações. Ao ter acesso aos conceitos que eu trouxe para este livro, ela mergulhou neles com determinação e acabou sendo contratada por uma empresa concorrente da anterior. Em pouco tempo, aceitou a proposta de ser gerente.

Dois anos depois, Andreia se encontrou com o Igor e mostrou com orgulho o seu prêmio de destaque do ano. Naquele momento, um único pensamento rondava a mente dela, o mesmo que muitas vezes deve ter passado pela cabeça de muitos outros que alcançaram o ponto desejado. Nem seria necessário entrar na mente do avatar para perceber o que o sorriso deixava explícito. Afinal, era apenas um pensamento: *Tudo valeu a pena*.

CAPÍTULO DOIS

400 METROS
COM BARREIRAS

Imagine uma corrida de 400 metros com barreiras. O objetivo, claro, é alcançar a linha de chegada. É preciso, porém, lembrar que toda corrida começa bem antes da largada – com preparação física e emocional, muito aprendizado e treino, o que vai exigir competências à altura do desafio que você estabeleceu. Qualquer competição começa quando você vence a si mesmo antes de entrar no jogo. Para enfrentar melhor as barreiras, devemos reconhecê-las.

Para tanto, eu o convido agora a se preparar para uma corrida, conhecendo cada etapa e os desafios que, sem notarmos, travam muitos de nós.

O PRIMEIRO PASSO

Edu Lyra nasceu pobre, em uma comunidade de São Paulo. Tinha tudo para se vitimizar e seguir a sina de muitos jovens que crescem sem oportunidades. O pai havia sido atleta, mas enveredou para o crime e acabou sendo preso quando Edu ainda era criança. Sua mãe, dona Gorete, percebeu, logo cedo, que precisaria ser dona de casa e provedora para garantir a sobrevivência da família. Apesar de tantas dúvidas, essa mulher forte também sabia que poderia mudar o rumo "natural" das coisas. Acreditava que o filho se libertaria das limitações impostas pela sociedade e alcançaria sucesso na vida, superando a própria condição. Dizia sempre: "Meu filho, não importa de onde você vem, mas para onde você vai". Isso o fez dar o primeiro passo e tanto outros que se seguiram.

Quando terminou o ensino médio, o rapaz entrou na faculdade de Jornalismo. Um dia, um professor bastante arbitrário carimbou seu destino: "sem o talento necessário". Edu quase fraquejou e pensou em desistir, mas a mãe mostrou que ele poderia ser o que quisesse, caso se capacitasse e desse o próximo passo na direção de seu sonho. E, mesmo antes de se formar, Edu se consagrou como repórter revelação pelo Instituto Itaú Cultural, provando que uma opinião é apenas uma opinião, não uma sentença.

Ao terminar a graduação, Edu escreveu um livro, unindo diversos nomes do empresariado nacional; ganhou reconhecimento e prêmios. Então, ele percebeu que, se a comunidade onde vivia passava aos seus jovens a mensagem de desesperança, da falta de oportunidades e da marginalização, estava na hora de quebrar tal paradigma e transpor essas falsas projeções. Era necessário gerar esperança para quem não a enxerga. Assim nasceu o Gerando Falcões, uma das maiores iniciativas sociais do Brasil deste século, que vem transformando milhares de comunidades.[10]

Mais tarde, o pai – um novo homem transformado pela vida – e a mãe – o veículo de tudo isso – de Edu iriam testemunhar o grande líder que colocaram no mundo. E tudo começou com um sonho, muita determinação, a influência imprescindível de dona Gorete e um primeiro passo.

Do mesmo modo, em 2005, eu sentia no meu coração a vontade de apoiar uma obra social, mas não sabia por onde começar. Resolvi, então, escrever um livro que pudesse ser utilizado para arrecadar recursos para esse fim, reunindo nele meus amigos empresários.

Na época, ao lado de uma fábrica minha, havia uma casa muito bonita à venda. Naquele momento, eu também apoiava uma jovem, Eliane Souza, que prestava serviços sociais voluntários. Nasceu então uma ideia ousada: criar, eu mesmo, esse projeto que sonhei, dirigido para jovens em situação de vulnerabilidade social. Fundei a Escola de Campeões, em Caucaia, no Ceará, sem pensar muito no desafio que isso significava. Eu não contava com todos os elementos que precisava para fazer isso acontecer e tinha mais dúvidas do que certezas. No entanto, esse primeiro passo, mesmo que bastante impulsivo, foi o embrião da Escola de Campeões, uma iniciativa que já beneficiou milhares de jovens e suas famílias nesses quase vinte anos de projeto social.

Se eu pensasse demais, ou se o Edu soubesse tudo o que iria enfrentar, talvez essas histórias não existissem. Na mesma proporção, o ideal é não esperar que todos os componentes (ou competências, habilidades) estejam totalmente estabelecidos ou amadurecidos para dar o primeiro passo. É essa ação de sair da inércia que provocará os passos seguintes.

Com esse primeiro passo, começamos a pegar o ritmo, encontramos a cadência certa e as passadas ficam mais coordenadas e harmoniosas. Até que chega o primeiro obstáculo.

---

[10] GERANDO falcões. Disponível em: https://gerandofalcoes.com. Acesso em: 10 dez. 2022.

A BARREIRA INICIAL: CRENÇAS LIMITANTES

A primeira coisa que pode realmente impedir que você dê o próximo passo são as suas crenças. Essas programações mentais, que carregamos e manifestamos em atitudes, são ideias ou valores que acreditamos sobre nós mesmos, sobre as outras pessoas e sobre o mundo ao nosso redor. Tais crenças tendem a definir como percebemos a realidade, o que somos capazes de realizar e quanto merecemos crescer.

Elas podem nos impulsionar ou nos sabotar – neste caso, atuam determinando um limite imaginário que nos faz evitar riscos e nos autoproteger a qualquer custo, mantendo-nos em alguma situação que parece, a princípio, mais confortável e segura. A verdade é que, infelizmente, muitos de nós vemos no espelho uma imagem distorcida da realidade, impactada por traumas ou autocrítica excessiva.

A **crença de identidade** é baseada na maneira como você se vê, que normalmente é moldada a partir de mensagens recebidas dos adultos que participaram da sua formação. Sabe aquelas vezes que alguém ouve: "Você não presta!", "Você não tem futuro!"? A partir de tais frases, é construído um conceito equivocado sobre si mesmo, uma identidade negativa ou distorcida. Essa identidade também pode nascer de situações específicas, de algum abuso físico, psíquico ou emocional, no qual a criança ou o jovem se culpa, apesar de ser a vítima, estigmatizando a si mesma. E se a pessoa não se enxerga positivamente, acaba não protegendo a si mesma.

Já na **crença de capacidade**, o indivíduo não se acha capaz de fazer o que os outros fazem, de aprender, de realizar algo – é uma crença que impregnou o interior da pessoa ao longo das experiências que teve na vida. Ela recebeu repetidas mensagens semelhantes a "Você não faz nada certo!", "Você é inútil!", "Você não presta para nada mesmo!"; e, quando surgem situações parecidas com essas memórias, ela fracassa ou, quando se depara com o novo, a primeira reação é pensar: *Eu não sou capaz.*

A **crença do merecimento** se manifesta quando você acredita que não merece ir além de determinado nível e, quando chega a esse ponto, começa a se sabotar porque "já está no máximo que pode alcançar". Esse foi o meu caso durante um bom tempo. Eu me achava muito capaz, mas, ao crescer e conquistar objetivos, começava a me sabotar por entender que já estava bom, não precisava de mais. Logo, acabava tendo perdas importantes. Até que aprendi que carregava comigo esse sabotador, e pude mudar minha crença ao acreditar que ajudaria cada vez mais pessoas na proporção que eu continuasse crescendo.

Se você tem uma ou várias dessas crenças, não é culpa sua. Elas foram incutidas em nossa mente, silenciosamente, ao longo de anos. Você, porém, pode e deve começar a identificá-las e a tratá-las para que se tornem suas aliadas.

A SEGUNDA BARREIRA: INTIMIDAÇÃO COM O PALCO

Para inspirar os outros, não é necessário que você seja um líder efusivo, como o escocês William Wallace, representado no filme Coração valente,[11] que discursava bravamente para uma multidão hipnotizada disposta a dar a vida pela causa defendida. Isso é maravilhoso, mas não é imprescindível.

Líderes não precisam ser estrelas, entes carismáticos, de personalidade marcante. Aliás, muitos candidatos a tal posição podem não se ver nesse perfil ou não querer ser assim. Logo, não é preciso se intimidar. É bem mais simples do que parece: o importante é perceber que é naturalmente possível evoluir passo a passo como líder-gestor. À medida que isso acontecer, você se tornará cada vez mais confiante. Jim Collins explica que mais importante do que ser um líder carismático é contar com um modelo de gestão que funcione no médio prazo, com ou sem a presença do gestor no local.[12] Ou seja, é o modelo de gestão, e não você, que deve ser a estrela.

Ao se libertar dessa barreira, muitos se tornam, aos poucos, a estrela que nunca imaginaram ser.

A TERCEIRA BARREIRA: QUEM INVESTIRÁ EM MIM

Em consultorias e treinamentos, percebo algo bastante comum: as organizações não investem na preparação de seus líderes antes de promovê-los.

---

11 CORAÇÃO Valente. Direção: Mel Gibson. Estados Unidos: Paramount Pictures e 20th Century Fox, 1995. 1 DVD (178 min.).

12 COLLINS, J. **Empresas feitas para vencer**. Rio de Janeiro: Alta Books, 2018.

Elas tentam colher aquilo que não semearam. Como principais interessadas em obter bons resultados, elas deveriam formar líderes e gestores antes de alçá-los a cargos de gestão, e não esperar que cheguem prontos aos postos de liderança. As empresas, costumeiramente, buscam em bons técnicos os candidatos a assumirem esse papel. No entanto, as competências de liderança e gestão são completamente diferentes das técnicas, além de não serem naturais nem inerentes a todos; elas precisam ser aprendidas. Ao não investirem na capacitação dos seus executivos para assumirem a liderança, acabam transferindo essa responsabilidade para eles. E, assim, todos perdem.

Por outro lado, boas empresas que já investem nessa capacitação apresentam resultados completamente distintos, pois conseguem unir performance e satisfação dos seus colaboradores. É interessante observar no ranking *Great Place to Work*[13] (GPTW), que lista as melhores empresas para se trabalhar, a relação direta entre essa percepção e os programas de desenvolvimento de competências, bem como os resultados alcançados por essas organizações no mercado.

Alguns exemplos de empresas que investem no preparo dos futuros executivos são a Tim, o Santander e a XP. Essas três organizações incentivam que seus funcionários transformem o ambiente profissional em "salas de aula", ou seja, capacita e encoraja os colaboradores para que eles ministrem cursos e treinamentos para outros colegas de trabalho. "Esse tipo de iniciativa gera engajamento, reconhecimento e desenvolvimento."[14]

Em um futuro muito próximo, as empresas precisarão manter uma área de educação continuada para atualizar as competências das suas equipes, considerando os novos desafios de um mercado cada vez mais inovador. No entanto, até lá, quem assumir o desafio de crescer deverá também se comprometer com a própria capacitação. Essa barreira de esperar que alguém invista em você para capacitá-lo deve ser superada.

---

[13] GPTW Brasil 2021. Disponível em: https://conteudo.gptw.com.br/estudo-ranking-gptw-brasil-2021. Acesso em: 27 set. 2022.

[14] SUTTO, G. Tim, Santander, XP e outras estimulam que funcionários transformem empresas em salas de aula. **InfoMoney**, 5 fev. 2020. Disponível em: https://www.infomoney.com.br/carreira/tim-santander-xp-e-outras-estimulam-que-funcionarios-transformem-empresas-em-salas-de-aula/. Acesso em: 10 jan. 2023.

A QUARTA BARREIRA: MODELOS ULTRAPASSADOS DE GESTÃO

Um estudo[15] realizado pela Universidade da Califórnia identificou que um trabalhador feliz é, em média, 31% mais produtivo, três vezes mais criativo e vende 37% a mais em comparação com os menos satisfeitos. Essa motivação também reflete no atendimento ao cliente, leva à diminuição de acidentes de trabalho e à redução de desperdícios. Logo, quando um líder consegue criar uma equipe assim, está levando ganhos relevantes para a organização.

No entanto, muitas empresas obcecadas por alta performance, metas e meritocracia estão sujeitas a um difícil efeito colateral: colaboradores infelizes, que convivem uns com os outros porque são obrigados, sem um significado claro, se submetendo a uma pressão contínua, em ambientes que não os estimulam. São comuns casos de pessoas que até adoecem e acabam substituídas por outras "vítimas". Diversas patologias associadas a esse cenário, a maioria delas emocionais, destroem muitas vidas todos os dias.[16] Nesse caso, os resultados são alcançados **às custas** das pessoas, e não **com elas**.

Para obter resultados com a equipe, muitos se esquecem de que o trabalho é definido por uma troca: como líder, entregue o que os componentes do time desejam e precisam para, então, obter o melhor deles. No entanto, o conceito do que é desejado mudou muito e tem variado em função das gerações e da mentalidade de cada integrante do grupo. Assim, modelos ultrapassados de gestão levam ao insucesso na hora de gerir pessoas. Isso, por sua vez, assusta e causa insegurança nos que desejam liderar ao observar as falhas dos outros.

A boa notícia é que o erro dos outros não precisa ser o seu. Na verdade, aqueles que entram em um mercado com novos conceitos passam a ter vantagem competitiva importante. Esse pode ser o seu caso.

---

15 DIAS, E. W. Felicidade, trabalho e produtividade. **HSM Management**, 17 out. 2020. Disponível em: https://www.revistahsm.com.br/post/felicidade-trabalho-e-produtividade. Acesso em: 28 set. 2022.

16 CARVALHO, A. Como lidar com ambientes tóxicos no trabalho. **Revista Você S/A**, 7 jun. 2021. Disponível em: https://vocesa.abril.com.br/carreira/como-lidar-com-ambientes-toxicos-no-trabalho/. Acesso em: 11 dez. 2022.

A QUINTA BARREIRA: EM BUSCA DE REFERÊNCIAS

Já ouviu falar de "efeito self-service" ou "paradoxo da escolha"?[17] Basicamente, mostra que, diante de muitas alternativas, fica mais difícil tomar uma decisão. Do mesmo modo, isso pode acontecer quando nos deparamos com os inúmeros estilos de liderança disponíveis, na vasta bibliografia a que temos acesso. Perfis como "líder servidor", "líder minuto", "líder empático" e muitos outros são, sim, relevantes. Ao mesmo tempo, porém, dificultam a escolha da referência a seguir. Afinal, qual deles é mais efetivo?

Daniel Goleman[18] afirma que o líder deve se utilizar de diferentes estilos para executar bem o seu papel. Ele mostra que esses perfis são como tacos de golfe, usados para determinados terrenos ou jogadas. Então, em cada momento, deve-se adotar o modelo mais adequado para resolver o problema ou dar movimento à equipe. Líderes que dominam quatro ou mais desses estilos conseguem o melhor clima organizacional e desempenho empresarial. Entre os principais, destaco: autoritário (que define e persegue a visão), democrático (que inclui as pessoas no processo de decisão), afiliativo (que enxerga o ser humano e se preocupa com ele) e coaching (que desenvolve as pessoas). Esses "tacos" devem ser escolhidos conforme a jogada, o terreno e o objetivo final da tacada.

Perceba que não é somente como o jogador de golfe usa cada taco, mas como ele lê o campo para definir cada tacada. E talvez esta seja a causa da insegurança na liderança: a falta de um roteiro claro para enxergar o campo, entender como ele funciona e, somente a partir disso, visualizar adaptações, "sacar os tacos" e jogar com eles. Mais do que buscar referências de um estilo, é aprender a lidar com o todo.

---

17 O PARADOXO da escolha. **Felipe Morais**, 10 fev. 2021. Disponível em: https://felipemorais.com/o-paradoxo-da-escolha. Acesso em: 11 dez. 2022.

18 GOLEMAN, D. Liderança. *In:* **Liderança**: os melhores artigos da Harvard Business Review. Rio de Janeiro: Campus/Elsevier, 2006. p. 9-37.

Gosto muito de uma história que ouvi certa vez sobre uma máquina com problemas, que emitia um ruído estranho e trepidava sem parar. Muitos técnicos já haviam tentado solucionar a questão e gastado horas e mais horas trabalhando nela, mas o equipamento continuava do mesmo jeito. Até que, um dia, um homem chegou, apertou um parafuso e, em dois minutos, a máquina parou de chiar e tremer, voltando a funcionar normalmente. Quando o homem foi cobrar o serviço, passou uma conta de mil reais. O gestor da empresa se assustou e questionou: "Como você pode cobrar tão caro por um trabalho tão rápido de apertar apenas um parafuso?" Exigiu, então, que o homem discriminasse o serviço, ao que o técnico respondeu: "Apertar o parafuso custa 1 real. Saber qual parafuso apertar custa 999 reais".

Moral dessa história: gestores estão tentando resolver problemas sem entender antes como as coisas funcionam. Eles têm uma ideia, mas ficam "trabalhando na máquina", sem solucionar as questões na raiz. Precisamos saber quais são os parafusos certos que precisamos apertar, gastando menos esforço e gerando mais resultado. O tempo economizado com isso pode nos ajudar a entender mais o mecanismo e, assim, conseguiremos lidar melhor com as demandas.

PRONTO PARA A CORRIDA DE VERDADE?

Para superar com confiança todas as barreiras que vimos até aqui, é preciso seguir um método claro e replicável. A qualidade do caminho escolhido fará que você chegue mais rápido (ou não), na reta final. É nessa etapa que muitas corridas são perdidas. Então, o ideal não é ter apenas um método, mas um bom método.

Chegou a hora de passar do imaginário para o real, começando pelo primeiro passo, que dispara uma reação em cadeia. Este livro já é esse passo para quem se vê no início da jornada. Prepare-se para o que virá naturalmente.

Para ultrapassar a primeira barreira, eu lhe apresento uma proposta e um desafio: tenha autorresponsabilidade e dê uma chance para si mesmo. Autorresponsabilidade é um conceito importante disseminado por Paulo

400 METROS COM BARREIRAS

Vieira,[19] com quem me especializei na área de gestão emocional, e que defende uma grande verdade: você pode não ter culpa dos sofrimentos do passado, das mensagens negativas em que acreditou, de nada, **mas a responsabilidade de mudar essa situação é sua**. Tal conceito nos faz perceber que devemos sair do banco de trás do veículo que conduz a nossa vida e assumir o volante. Quando assumimos essa responsabilidade, tudo em nossa vida tende a mudar para melhor.

Se você percebe que carrega alguma das crenças limitantes que apresentamos, assuma o controle da mudança, trabalhe nelas, mas, mesmo antes disso, **dê uma chance para si mesmo**. Dessa maneira, essa barreira pode ser superada desde já.

Daí vem a segunda barreira, que pode ser ultrapassada apenas com o entendimento de que é um equívoco ficar intimidado por estar numa posição de destaque como líder. E como você se dispôs a ler este livro, já está superando a terceira barreira e investindo em si mesmo, o que o conduzirá ao aprendizado. A partir dele, será mais fácil superar as demais barreiras, já que nos próximos capítulos entraremos nos elementos que farão que você supere modelos ultrapassados de gestão (quarta barreira), enxergue melhor "o campo do jogo", escolha "o taco certo para a próxima jogada" (quinta barreira) e aprenda mais sobre a máquina, para identificar o parafuso certo a ser apertado (última barreira), por meio de um método que torna possível uma liderança mais fluida e assertiva. Vire a página e trataremos do método que propõe a sua vitória nessa corrida.

O apito soou. Foi dada a largada!

---

[19] VIEIRA, P. **O poder da autorresponsabilidade:** a ferramenta comprovada que gera alta performance e resultados em pouco tempo. São Paulo: Gente, 2018.

CAPÍTULO TRÊS

A GESTÃO DE MACROINFLUÊNCIA

Por volta de 1850, surgiu a ideia do "Cristo Redentor",[20] quando o padre Pierre-Marie Boss[21] teve o sonho de construir um monumento religioso no alto do Monte Corcovado. A proposta parecia impossível pelas dificuldades de acesso, investimentos e operacionalização. Mais de setenta anos depois, um grupo de 22 mil mulheres fez um abaixo-assinado para pedir ao presidente da República a autorização para a construção do Cristo. Com a concessão, o grupo se uniu ao Círculo Católico do Rio de Janeiro e mobilizou brasileiros de todas as regiões. Junto da Arquidiocese do Rio de Janeiro, lançaram então, em 1923, a Semana do Movimento e receberam doações que possibilitaram o início dos trabalhos.

O desafio contou com a participação de pessoas de diferentes nacionalidades, culturas e religiões. O engenheiro brasileiro Heitor da Silva Costa concebeu o projeto; o pintor italiano naturalizado brasileiro Carlos Oswald foi responsável pelo desenho final; e o escultor francês Paul Landowski esculpiu a cabeça e as mãos da estátua, moldadas em Paris, com o apoio do engenheiro compatriota Albert Caquot.

A estátua foi revestida com milhares de pequenos mosaicos[22] formados de pedra-sabão, que eram colados sobre folhas de papel (ou tecido), com o trabalho voluntário de senhoras da sociedade que se reuniam na paróquia local para essa tarefa. Depois, esses delicados triângulos foram enviados ao topo do Corcovado para que os operários aplicassem no monumento.

E, então, chegou o dia da cerimônia de inauguração. A estátua foi iluminada por uma bateria de holofotes, que foi acionada remotamente pelo pioneiro da rádio de ondas curtas, Guglielmo Marconi, que estava a 9.200 quilômetros de distância, em Roma, na Itália. Todos que fizeram parte do processo estavam radiantes pelo grande feito que é considerado,

---

20 O SANTUÁRIO. **Santuário Cristo Redentor**. Disponível em: https://santuariocristoredentor.com.br/o-santuario. Acesso em: 28 set. 2022.

21 VEIGA, E. Cristo Redentor, 90 anos: como um monumento em homenagem à princesa Isabel quase foi erguido no Corcovado. **BBC News Brasil**, 11 out. 2021. Disponível em: https://www.bbc.com/portuguese/brasil-58871798. Acesso em: 28 set. 2022.

22 PIERRE, E. Como o Cristo foi construído? **G1**, 11 out. 2021. Disponível em: https://g1.globo.com/rj/rio-de-janeiro/noticia/2021/10/11/como-o-cristo-foi-construido.ghtml. Acesso em: 28 set. 2022.

ainda hoje, mais de noventa anos depois de sua construção, uma das sete maravilhas do mundo. O impossível que virou realidade.

Esse é o fruto de um verdadeiro engajamento. E é possível criar engajamento dentro de uma empresa que produz sabão em pó, componentes automobilísticos, papel, frutas ou lâmpadas. Por quê? Porque em todas elas temos pessoas lidando com outras pessoas; e pessoas são mentes racionais conduzidas por impulsos emocionais. Quando atingimos um "compromisso emocional", alcançamos o nosso objetivo. E um dos papéis mais importantes do líder-gestor é engajar os indivíduos. Para isso, assumimos o papel de influenciador.

INFLUENCIAR EM VEZ DE CONTROLAR

Jan Rutherford sinaliza que está na hora de trocarmos a manipulação pela influência.[23] Ou seja, deixar de ditar o que precisa ser feito e influenciar as pessoas para que façam espontaneamente o que elas compreendem que precisa ser feito.

Jonah Berger, professor da Universidade da Pensilvânia e autor do livro *O poder da influência*,[24] explica que ninguém gosta, reconhece ou admite ser influenciado, mas simplesmente é natural que todos o sejam, de alguma maneira, pelo seu meio e pelos outros. Essas forças invisíveis agem em nós muito mais profundamente do que imaginamos. E quando aceitamos esse fato, podemos lidar melhor com ele. Além disso, se o líder compreende como ser um influenciador, pode utilizar esse papel em benefício de todos.

Você, no papel de líder-gestor, deverá ser um influenciador para comprometer emocionalmente as pessoas para objetivos comuns. Para isso, é interessante conhecer como funcionam os gatilhos mentais que nos movem a agir ou não. Eles são o foco das pesquisas de Robert Cialdini,[25] um dos maiores nomes sobre influência no mundo.

---

23 SELF-RELIANT leadership. **Executive Leadership Coaching**. Disponível em: https://selfreliantleadership.com. Acesso em: 12 out. 2022.

24 BERGER, J. **O poder da influência**. Rio de Janeiro: Alta Books, 2020.

25 CIALDINI, R. **As armas da persuasão**: como influenciar e não se deixar influenciar. Rio de Janeiro: Sextante, 2012.

Em uma de suas obras,[26] Cialdini aborda a dinâmica e o mecanismo de influência, que acontece não apenas em uma ação direta e persuasiva, mas antes disso. Ele demonstra que somos influenciados por meio dos elementos que nos cercam, como o local, os objetos e tudo aquilo ao que estamos expostos. Logo, somos persuadidos silenciosamente antes de sermos persuadidos ativamente. Isso nos permite identificar novas ferramentas que podem atuar em nosso favor para influenciar as pessoas ao nosso redor.

A Gestão de Macroinfluência se utiliza dessa mecânica para entender o sistema que impacta todos os que estão imersos nele e os impulsiona a agir proativamente, fortalecendo uma cultura organizacional.

SIGNIFICADO E CULTURA ORGANIZACIONAL

Certa vez, ouvi o brilhante professor Silvio Meira,[27] presidente do Porto Digital e da TDS – consultoria de inovação que influenciou cases como o da Magalu (Magazine Luiza) –, nos lembrando de que as empresas são pura abstração, que não funcionam sem as pessoas. As organizações são formadas por pessoas e direcionadas para atendê-las. Em outras palavras, **as pessoas são a essência das organizações**.

Logo, se as pessoas estão na base das organizações, elas também estão na base da cultura organizacional. A cultura não é o que está escrito, mas como os indivíduos a manifestam. A verdadeira cultura da empresa é aquela que está sendo vivida neste exato momento nos escritórios, nos corredores, no "chão de fábrica", no comportamento do diretor ou do entregador. É como esse organismo vivo age e reage em relação às demandas que surgem. A cultura, para ser vivida, deve estar conectada emocionalmente a cada um dos componentes desse conjunto. Ela engaja as pessoas, mas é traduzida no exemplo dos que a vivem. Qualquer coisa diferente disso não é cultura.

E influenciar é construir cultura.

---

26 CIALDINI, R. **Pré-suasão**: a influência começa antes mesmo da primeira palavra. Rio de Janeiro: Sextante, 2017.

27 Presenciei a situação em uma reunião on-line envolvendo a Aço Cearense e a empresa TDS, no laboratório de transformação digital, do OCA LAB, em março de 2021.

Mas como essa cultura permanece mesmo com a saída de alguns colaboradores e a entrada de novos? Por meio da influência que o ambiente e as pessoas, com seus hábitos e rotinas, exercem nesses entrantes, que vivem gradualmente a cultura esperada e a traduzem em seus comportamentos. Então, disseminar a cultura é influenciar as pessoas para que a vivam na prática.

A cultura certa influencia comportamentos melhores. E como implementar essa cultura? Promovendo hábitos e rotinas que deem suporte a um bom ecossistema organizacional que, por sua vez, preserve hábitos e rotinas. É o que veremos a seguir.

ENTENDENDO UM ECOSSISTEMA ORGANIZACIONAL

É no ecossistema organizacional que convivemos com as pessoas, seguimos regras culturais e operacionais, construímos um clima organizacional, replicamos fluxos e evoluímos com os aprendizados diários. Ele é fruto da qualidade dos vínculos, ambientes, processos e das competências da equipe:

- **Vínculos** são canais de reciprocidade pelos quais as pessoas se dispõem a oferecer ações recíprocas umas às outras. São conexões emocionais constituídas entre os liderados e as lideranças, entre os próprios membros do grupo e entre eles e a organização. Quando as pessoas estão vinculadas, elas se engajam mais facilmente. E bons vínculos contribuem para bons ambientes;
- **Ambientes** são mais do que os locais onde as pessoas vivem e trabalham. Na verdade, estão relacionados a como elas percebem o ecossistema que as envolve. Ambientes saudáveis contribuem para melhores desempenhos no longo prazo, assim como ambientes tóxicos podem até produzir um resultado positivo no curto prazo, mas destroem a performance no médio e longo prazo;
- **Processos** definem como as pessoas devem fazer as coisas, os procedimentos que deverão ser seguidos em determinadas situações para obter o resultado esperado. Bons processos ajudam a construir bons vínculos e ambientes; na contramão, processos ruins impactarão a todos de forma negativa;

- **Competências** definem em que ritmo as pessoas são capazes de realizar o que precisa ser feito. Em um time de alta performance é necessário, além das competências individuais, competências coletivas que possam gerar resultados positivos. A capacidade do líder-gestor de ir além da soma das habilidades individuais e multiplicá-las, para alcançar uma competência coletiva de excelência, é um dos grandes segredos das equipes de sucesso.

Tais elementos, devidamente orquestrados pelo líder, são pilares de uma boa gestão de times. E nós analisaremos como podemos melhorar cada um deles para se obter um ecossistema ainda mais eficiente e equilibrado. Esses elementos são interligados e se alteram em conjunto. É uma reação sistêmica. Seu objetivo será enxergar frequentemente qual parafuso deve ser apertado.

O ECOSSISTEMA É RESULTADO DOS HÁBITOS E DAS ROTINAS QUE CRIAM CULTURA

Aprendemos com times esportivos que o treino é o veículo da performance que favorece vitórias, certo? A qualidade e a intensidade dos treinos é tão ou mais importante que a competição. Dizemos comumente que ganhar não é tão difícil; o mais difícil é treinar para ganhar. No ambiente organizacional, esse "treino" é representado pelos hábitos coletivos e pelas rotinas da equipe, que são o sustentáculo do ecossistema que desejamos manter.

OS ELOS DE IMPACTO DA INFLUÊNCIA

> GANHAR NÃO É TÃO DIFÍCIL; O MAIS DIFÍCIL É TREINAR PARA GANHAR.

Logo, como um gestor de influência, você deve promover bons hábitos e boas rotinas que sustentem bons ecossistemas. Esses hábitos devem manifestar a cultura que você defende como representante da organização. Quanto melhores forem as rotinas e os hábitos coletivos, melhor será o ecossistema e menores serão as intervenções individuais necessárias.

O gestor-bombeiro faz exatamente o contrário: gasta todas as suas energias em intervenções individuais, sem construir o ecossistema desejado. Logo, os problemas se repetem. Mas, se fizermos o dever de casa, esse sistema, que deve ser aperfeiçoado dia a dia, funcionará mesmo quando você não estiver mais atuando nele – como uma máquina que trabalha sozinha, programada por processos previamente estabelecidos. Então, seu papel será apenas cuidar dele.

Assim, se você entender essa dinâmica e for capaz de implementar passo a passo tais elementos, estará em um nível diferenciado de líder-gestor.

UM BOM TIME É UMA CONSTRUÇÃO[28]

No início de 1998, uma notícia explosiva surgiu na mídia: um executivo do Chicago Bulls anunciava que, independentemente dos resultados daquele ano, Phil Jackson não seria mais o técnico da equipe no ano seguinte. Havia chegado a hora de uma renovação. Foi um choque para muitos, principalmente para os jogadores.

Na época, o Chicago Bulls era o time mais icônico do mundo. Michael Jordan era seu principal astro e até hoje ele é visto como um dos maiores jogadores de todos os tempos. Antes de sua chegada, o Bulls era conhecido como um grupo apenas mediano e jamais havia ganhado títulos. E mesmo depois da contratação de Jordan continuou sem ganhar, até que Phil Jackson ingressou como assistente e posteriormente se tornou técnico.

Jackson trouxe consigo uma ideologia real de time, na qual todos trabalham para os outros, além de contar com uma visão global sobre a gestão

---

28 ARREMESSO Final. Direção: Jason Hehir. Estados Unidos: ESPN e Netflix, 2020. 1 temporada (10 episódios). Disponível em: https://www.netflix.com/br/title/80203144. Acesso em: 10 out. 2022.

de pessoas. Tais elementos possibilitaram a construção de uma rede de influência que mudou o jogo. A partir daí, o Bulls passou a se transformar: deixou de ser um time com apenas uma estrela (Jordan) e virou uma estrela em um time vitorioso. Depois, evoluiu para uma estrela em um time de estrelas. Tudo isso ocorreu de etapa em etapa, até se criar um time praticamente imbatível.

Do mesmo modo, no mundo corporativo construímos bons times ao percorrer etapas. Você também formará um time excelente, de alto valor, de modo consciente e gradativo. Essa tarefa se torna bem mais simples quando entendemos que ela é fruto de ações que se somam ao longo do tempo. Um passo e depois outro passo, até a construção de uma grande obra.

CONSTRUINDO UM ECOSSISTEMA

Phil Jackson sabia enxergar quem influenciar e como atuar para que as coisas acontecessem. O treinador tinha uma capacidade incrível de fazer cada membro do grupo se sentir relevante, mesmo os que se percebiam ofuscados pelo brilho de Michael Jordan. Jackson agia para amenizar os reflexos dessa diferença, administrando vaidades e disputas. Formou um corpo, investiu na construção de **vínculos** entre os jogadores e dos jogadores com ele.

Enquanto Jordan colocava pressão em todos, criando um ambiente extremamente estressante e desafiador, o treinador fazia que cada um se sentisse respeitado nas suas particularidades e como membros de um único organismo. Isso criava o **ambiente** ideal para crescer: desafiador, até estressante, mas acolhedor.

Os **processos** – desde o modelo de treinos, as táticas, as jogadas, até a definição dos papéis individuais e coletivos – estavam claros e, aos poucos, o próprio Jordan passou a entender que poderia confiar nos demais para resolverem os problemas juntos. Com o apoio de Jerry Krause, que tinha um olhar crítico e aguçado para identificar as competências e as deficiências do grupo, alguns jogadores se aperfeiçoaram e outros foram substituídos. Desse modo, se obteve uma crescente **competência** coletiva.

A cada temporada, esses elementos eram revistos e o time se fortalecia. Nos momentos em que algum desses elementos era impactado negativamente, o resultado dos demais era claramente prejudicado. O grande mérito de Jackson foi perceber quando o sistema estava afetado, avaliar cada um desses componentes que demandavam mais atenção e ser capaz de corrigir o que precisava de ajustes.

O que, na verdade, Jackson fazia era construir um ecossistema vencedor, lapidando cada peça desse tabuleiro que influenciava ativamente no resultado deles como um time. Assim, seu poder de influência ia além da sua intervenção pessoal e abrangia também a influência do ecossistema que ele promovia como um todo.

O SUCESSO NÃO É POR ACASO

"Mas eles só tiveram sucesso porque contavam com Michael Jordan", alguns podem dizer. Então, será que isso foi fruto de "sorte"? Vejamos: o Bulls vivia uma sucessão de vitórias, com a conquista de cinco campeonatos mundiais. Logo que soube do anúncio da iminente saída de Jackson, Michael Jordan avisou que se recusava a trabalhar com outro técnico. E muitos jogadores se uniram para dar a Jackson uma despedida fraterna, o que foi relatado em um excelente documentário.[29] Naquela ocasião, o time ganhou seu sexto título da NBA e nunca mais conseguiu conquistá-lo novamente.

Nos anos seguintes, a NBA ganhou um novo "dono", o Lakers, que alcançou três títulos na sequência. O detalhe é que eles tinham uma nova arma, que não era Michael Jordan, mas um novo líder à frente desse movimento: Phil Jackson.

O modelo de gestão de Jackson fazia a diferença, era replicável e obtinha novos e grandes resultados. Ele era um gestor de ecossistemas, não apenas um líder. E você vai aprender como fazer o mesmo, basta seguir os oito passos que lhe apresentarei nos próximos capítulos.

---

29 ARREMESSO Final. *op. cit.*

CAPÍTULO QUATRO

ENXERGAR DO MACRO AO MICRO

Imagine que você é um vendedor de picolés. Seu objetivo é vender 20% a mais do que no ano passado. E, ao pensar em diversas possibilidades para alcançar esse objetivo, chegou à conclusão de que a solução seria estender o verão. Não seria uma ideia interessante?

O verão, assim como as outras estações, exerce uma influência enorme no comportamento de todos. Então eu pergunto: as chances de você conseguir fazer outra pessoa vestir um casaco aumentam no inverno? Ou do estado de humor de alguém mudar quando o sol brilha, após meses de tempo nublado? A resposta parece lógica, concorda?

À medida que as estações mudam, a natureza se transforma, assim como nossas rotinas. Logo percebemos que esse elemento exerce um impacto não em uma pessoa apenas, mas no coletivo, ou mesmo em todas as pessoas que estão sob essa mesma influência. Portanto, no caso das estações do ano, dizemos que esse componente exerce uma macroinfluência sobre nós.

Se formos capazes de atuar nesse elemento, podemos gerar um impacto altamente relevante, que afeta muitas pessoas ao mesmo tempo. Em vez de buscar maneiras de vender o picolé, simplesmente estenderíamos o verão. Essa é a lógica da GMI no contexto organizacional: atuar no macro antes de agir no micro.

Para entender melhor, podemos observar a descrição que Charles Duhigg, repórter do The New York Times que acompanhou as Forças Armadas estadunidenses no Iraque, fez da atuação de um major, ao realizar um programa improvisado de mudanças de hábitos em Bagdá.[30]

Duhigg conta que eram relatados tumultos constantes e isso preocupava as tropas. Os iraquianos costumavam se reunir numa praça ou em outros espaços abertos, onde circulavam diversos vendedores ambulantes, o que acabava atraindo mais gente. Eles ficavam ali, discutindo e comendo, até que alguém jogava uma pedra ou uma garrafa e o caos se instalava. Tal situação acabou se transformando em um padrão. Uns instigavam os outros até detonar a revolta.

---

30 DUHIGG, C. **O poder do hábito**: por que fazemos o que fazemos na vida e nos negócios. Rio de Janeiro: Objetiva, 2012.

UM TIME PRA CHAMAR DE SEU

De início, o oficial analisou o ecossistema formado por aquelas pessoas e observou as interações entre elas. Os vínculos criados, o ambiente construído, o processo que se seguia e a competência de alguns em insuflarem os outros. Levou em conta os hábitos que sustentavam aquele ecossistema e finalmente considerou os três elementos que formam o hábito: 1) o gatilho ou deixa; 2) que desencadeia uma rotina; 3) que, por sua vez, está ligada a uma recompensa intrínseca ou extrínseca. Então, propôs a proibição do acesso dos vendedores ambulantes a esses locais.

A ação do major produziu mais resultados do que todas as dezenas de manobras articuladas até então para conter o princípio dos tumultos. E por quê? A multidão chegava, aumentava o número de pessoas no mesmo local, a fome dominava os transeuntes, mas não havia ninguém para atendê-los e os grupos iam se dispersando, antes mesmo de alguém detonar o gatilho da reação comportamental em cadeia.

Uma única ação inteligente gerou um impacto direto nos hábitos que sustentavam aquele ecossistema, mudando uma rotina sem que fossem necessárias inúmeras intervenções individuais, pois gerou uma reação em cadeia de maneira natural.

Na prática, o que o major buscou fazer? Enxergar do macro ao micro e agir do micro ao macro. Ou seja, a intervenção de não permitir os vendedores ambulantes freou a rotina dos aglomerados, o que desaqueceu a interação entre as pessoas insatisfeitas e os outros, que era o que estimulava o hábito de instigar o previsível tumulto, até que se tornasse real.

E, assim, foi gerado um novo ecossistema, sem maiores confusões.

Essa é a lógica do líder: ter a visão do macro para o micro impacto, sair primeiro da visão do todo para então focar no individual. E implementar ações no dia a dia que sustentem essa visão.

No contexto das equipes em uma empresa, organização esportiva ou institucional, isso se traduz em perceber primeiro o **ecossistema organizacional** que está atuando no momento, entender como ele está impactando (positiva ou negativamente) os sentimentos e as percepções de todos e, em seguida, como isso se relaciona com comportamentos e hábitos coletivos que, por sua vez, se relacionam com as rotinas da equipe. No caminho contrário, boas rotinas dão suporte a bons hábitos, que construirão bons ecossistemas, impactando positivamente a todos e com menos intervenções.

E o seu papel, como líder-gestor, é o de enxergar e promover um bom ecossistema ativo – aquele que está prevalecendo no momento presente. Ou mesmo transformá-lo, caso seja necessário.

BONS ECOSSISTEMAS PODEM DURAR

A sala estava cheia, havia copos de cerveja caídos pelo chão, o tapete estava molhado, o som tocava no máximo e improváveis sorrisos circulavam, em êxtase, pelos corredores. O Fortaleza vencera![31] Milhares de torcedores empolgados e orgulhosos saíam às ruas para comemorar, abraçavam suas bandeiras, ou se cobriam com elas, em delírio total. O Fortaleza estava na Copa Sul-Americana! Parecia inacreditável. Melhor do que ganhar a Copa do Mundo.

Para entender tamanha reação, precisamos voltar dez anos no tempo. Após passar pela série A do Campeonato Brasileiro, no início dos anos 2000, o Fortaleza foi rebaixado à segunda divisão em 2006, e posteriormente à terceira divisão, em 2009. E ali encontrou seu "inferno astral". Não foram dois, nem três, mas oito anos terríveis de frustrações. Em quase todos eles, o time liderava o campeonato inteiro, mas nas partidas decisivas algo acontecia e a chance de ascender à divisão seguinte era desperdiçada. Nesse tempo, vivia-se um ecossistema perdedor no Fortaleza Esporte Clube.

Após esses oito anos, o time finalmente conseguiu sair da terceira divisão e estreou na série B, um torneio bem mais difícil e desafiador. As expectativas eram bem limitadas, o medo de voltar à série C era latente. Foi nesse momento que apareceu Rogério Ceni na história do time. A diretoria do Fortaleza o apresentou como o técnico de uma nova era. E ele, apesar de iniciante na carreira de treinador, chegou ao clube envolto em um clima de grande esperança, por sua vitoriosa carreira como jogador.

---

[31] ERICK, L. Fortaleza derrota Goiás e garante vaga na Copa Sul-Americana de 2020. **Fortaleza Esporte Clube**, 1 dez. 2019. Disponível em: https://fortaleza1918.com.br/fortaleza-derrota-goias-e-garante-vaga-na-copa-sul-americana-de-2020/. Acesso em: 11 dez. 2022.

De fato, algo incrível aconteceu. Passados alguns meses de preparação, com resultados pouco relevantes, o time se encontrou e passou a vencer. E as vitórias se tornaram a regra, não mais a exceção. Veio o título estadual, a Copa do Nordeste e, por fim, a glória de ser campeão brasileiro da série B, feito inédito para um time cearense, e tudo isso ainda no primeiro ano da atuação do novo treinador. Vivia-se um ecossistema vencedor. Uma verdadeira revolução. Todos passaram a acreditar nas vitórias e cada um fazia sua parte para obtê-las.

O time chegou à desejada, porém temida, série A. O objetivo agora era se manter, a todo custo, na elite do futebol brasileiro. Para a surpresa de todos, em vez de se contentar com um papel coadjuvante na série A, o Fortaleza se posicionou na parte de cima da tabela, se classificando também de maneira inédita para um campeonato internacional, a Copa Sul-Americana. Era como um acontecimento mágico, quase um milagre. A redenção definitiva do período sombrio foi transformada em momentos de glória em apenas dois anos!

Então, Rogério Ceni saiu. Mas os vínculos construídos, o ambiente de busca por vitórias, os processos de gestão e o investimento contínuo em novos talentos (competências) – promovido pela diretoria, encabeçada pelo presidente Marcelo Paz – mantiveram o ecossistema ativo, mesmo com outro técnico e outro elenco. No ano seguinte, o Fortaleza atingiu um feito impensável: classificou-se direto para a fase de grupos da mais importante competição do continente, a Libertadores da América.

Quando construímos e cuidamos de um bom ecossistema ativo, nossos esforços diminuem e os resultados crescem continuamente com melhorias incrementais. Os bons ecossistemas têm longa durabilidade se nenhum elemento novo os prejudicar.

O ECOSSISTEMA DESEJADO

Mas você pode perguntar: "Newton, e o que é um bom ecossistema ativo?". Sabemos que ele é fruto dos vínculos, ambientes, processos e competências da equipe. Mas um bom ecossistema organizacional tem características que o definem. Ele precisa ser, ao mesmo tempo, **seguro**, **acolhedor**, **instigante** e **missionário**.

Olhar do macro ao micro será, na prática, questionar a qualquer momento: Os componentes da minha equipe percebem que estão seguros como indivíduos? Sentem-se acolhidos? Estão sendo instigados a oferecer o melhor? Consideram-se missionários da organização? E como promoverei isso por meio dos vínculos, ambientes, processos e das competências da equipe? Quais hábitos e rotinas preciso estimular? Quais intervenções individuais serão necessárias?

Ao se fazer essas perguntas, você exercerá uma das soft skills mais importantes da atualidade que, segundo o Instituto de Tecnologia de Massachusetts (MIT), dos Estados Unidos,[32] também é chamada de percepção sistêmica ou sense making. Ela é, basicamente, a capacidade de perceber como o sistema está funcionando, como deveria funcionar, o que deve ser corrigido e como as nuvens que se formam no horizonte – ou seja, as mudanças de cenário – podem afetar tal sistema. Dessa maneira, você pode estar sempre um passo à frente das mudanças e colher os frutos disso.

A primeira é promover as faces do ecossistema desejado. Para isso, você deve conhecer a lógica de implementação.

A PIRÂMIDE ECO-ORGANIZACIONAL

Inspirada na conhecida Pirâmide de Maslow,[33] a pirâmide eco-organizacional contém uma sequência lógica a ser implementada, na qual alguns desses pilares devem ser obtidos antes dos outros, visando criar uma equipe que se sustente no médio e no longo prazo. Lembre-se: pessoas são fundamentais no processo. Elas podem ser suas grandes aliadas ao influenciar positivamente os demais. Para reter os bons profissionais, sugiro seguir a lógica da pirâmide.

---

[32] PERIARD, G. A hierarquia de necessidades de Maslow - O que é e como funciona. **GOV.BR - Ministério da Infraestrutura**, 5 mar. 2018. Disponível em: https://www.gov.br/infraestrutura/pt-br/assuntos/portal-da-estrategia/artigos-gestao-estrategica/a-hierarquia-de-necessidades-de-maslow. Acesso em: 10 dez. 2022.

[33] Conceito desenvolvido pelo psicólogo estadunidense Abraham H. Maslow que explica as necessidades humanas em hierarquia, frequentemente utilizada para entender os desejos e as motivações dos indivíduos.

UM TIME PRA CHAMAR DE SEU

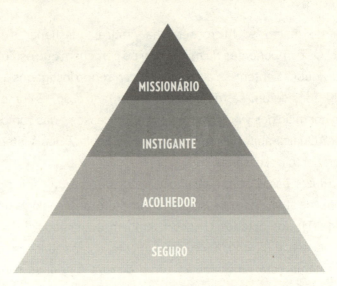

ECOSSISTEMA ORGANIZACIONAL

Na base da pirâmide, estão os ecossistemas **seguro** e **acolhedor**, que são essenciais para se obter uma equipe sustentável. Essas são as facetas mais importantes a serem trabalhadas no time, antes de galgar os outros níveis (ou até paralelamente, desde que esteja consciente da importância desses dois pilares). São eles que fazem as pessoas se sentirem realmente em um time.

Adam Bryant entrevistou centenas de CEOs mundiais para colher insights de uma gestão eficiente.[34] Muitos desses depoimentos ratificam a importância de se obter a noção de segurança e acolhimento na construção de uma equipe, como afirma Andrew M. Thompson:

> "As organizações melhores, mais fortes e mais funcionais são aquelas em que os relacionamentos horizontais são realmente eficazes e em que as pessoas confiam umas nas outras, se dão as mãos e seguem em frente, juntas. É preciso criar um nível bastante alto de confiança, e uma organização em que os funcionários se respeitem, em que as pessoas trabalhem umas com as outras e em que o reconhecimento do valor dos funcionários seja feito por eles próprios, não pela diretoria".

---

[34] BRYANT, A. **Ágeis e inovadoras**: CEOs ensinam como criar empresas de sucesso. São Paulo: WMF Martins Fontes, 2015.

ENXERGAR DO MACRO AO MICRO

A lógica diz que somente quando as pessoas percebem que participam de um ecossistema que traz segurança e acolhimento é que elas se abrem para serem influenciadas a darem o que têm de melhor a serviço do grupo. Logo, você deve garantir primeiro que esses ecossistemas estejam atuando com qualidade, em todos os momentos. Aqui se concentra a maioria dos problemas de uma equipe disfuncional. Muitas vezes, pensamos que não estamos obtendo resultados por diversos motivos, quando a raiz do problema, na verdade, está na falta de percepção de segurança e acolhimento.

A partir daí, você pode alcançar o próximo nível. E, para seguir adiante, é importante que "chacoalhe" essa equipe, fazendo que ela tenha sede de vitórias, por meio da imersão em um ecossistema **instigante**, que se baseia em criar uma cultura de excelência de resultados e entregas. É esse ecossistema que separa os homens e mulheres dos meninos e meninas, e que se conecta na busca de uma performance cada vez melhor.

Finalmente, podemos turbinar todos esses movimentos por meio de um ecossistema **missionário**, transformando as pessoas em verdadeiros representantes da proposta da organização ou do time. Na verdade, como veremos mais adiante, em todos os momentos as características do topo da pirâmide ajudam a construir a base e o meio, dando sentido ao trabalho de cada um.

Nos próximos capítulos, vamos escalar essa pirâmide. Prepare as canelas!

CAPÍTULO CINCO

PRIMEIRO, OS ALICERCES

Como em toda edificação, os alicerces são essenciais para sustentar o que você deseja construir. Assim são os ambientes **seguro** e **acolhedor** do ecossistema organizacional. Eles são a base da nossa pirâmide eco-organizacional e você deve garantir esses pilares primeiro.

O ECOSSISTEMA SEGURO: O INÍCIO DE TUDO

Imagine um lugar no qual você não se sinta respeitado e precise se passar por alguém que não é para ser aceito. No dia a dia desse ambiente, muito do que está ao seu redor – desde a maneira como as pessoas se relacionam, os hábitos que insistem em praticar, os valores defendidos e o que se compreende como certo – agride o seu modo de ser. Você estaria feliz nesse lugar? Qual seria a chance de, na primeira oportunidade, você abandonar o barco?

E se o primeiro a dar o exemplo de todos esses pontos negativos fosse o líder? Vai adiantar alguém afirmar que você trabalha em um ambiente "seguro"?

Não adianta dizer que existe um ecossistema seguro se as pessoas não o percebem assim. Por outro lado, quando alguém sente que está em um ecossistema seguro, tende a abaixar a guarda (aquele muro que construímos no nosso entorno para nos proteger do mundo externo) e passa a não ter medo de expor a própria vulnerabilidade, algo fundamental para a confiança mútua dentro de um time.

Confiança é a base de qualquer equipe de sucesso e é fundamental na construção de vínculos que são canais de reciprocidade necessários para o trabalho conjunto de alta qualidade. Para se obter esse ecossistema seguro, você, como líder-gestor, precisa resguardar algumas percepções.

Respeito é um aspecto que deve ser percebido independentemente de se concordar ou não com o comportamento, estilo ou pensamento de alguém. Existem limites que precisam ser respeitados ao se tomar qualquer atitude em relação a alguma conduta. Por isso, é importante que as diretrizes, orientações e normas de convivência estejam claras desde o início. As pessoas devem estar seguras de que naquele ecossistema a diversidade é um ponto favorável e há regras claras de convivência, baseadas no respeito mútuo.

Ao mesmo tempo, o ecossistema seguro deve gerar uma percepção de **justiça**, muito associada a como funcionam as "regras do jogo". E é importante refletir: Essas regras são justas? Existe uma previsibilidade no julgamento do que acontece naquele time? Fatos semelhantes são tratados de maneira semelhante e, mesmo diante de punições, são fundamentados em diretrizes claras? Sua equipe deve sentir que trabalha em um lugar justo e que você, o líder, valoriza isso.

A percepção de estar em um ecossistema justo se complementa com a sensação de **equidade**: as oportunidades estão ligadas ao merecimento e não a preferências pessoais, ou seja, o sol nasce para todos em função dos próprios méritos. Logo, seu time deve sentir que você não protege ou promove alguém sem justificativa, mas que se baseia em critérios aceitos pela equipe ao dar oportunidades profissionais.

Esses aspectos – **respeito**, **justiça** e **equidade** – são diretamente impactados pela qualidade das interações entre os membros do grupo e das premissas da empresa em relação à valorização do ser humano. Eles se refletem no ambiente de trabalho e são apoiados por processos que usam a mesma diretriz.

O ECOSSISTEMA ACOLHEDOR: COMPLEMENTANDO A BASE

Uma vez munidos da percepção de segurança, buscamos inconscientemente, desde muito cedo, a percepção de acolhimento, de nos sentirmos pertencentes a algum lugar ou a um grupo.

O senso de pertencimento é um dos desejos mais profundos do ser humano e estar em um ecossistema que nos acolhe, pela minha experiência, é um dos fatores mais considerados na decisão de alguém permanecer ou trocar de organização. Isso fica evidente nas palavras de Shirley – analista de logística de uma metalúrgica – que, ao receber um prêmio de melhor profissional do setor, declarou:

PRIMEIRO, OS ALICERCES

"Aqui eu me sinto segura para ser quem eu sou. E sinto que todos querem o meu sucesso. Sou vista como um ser humano, e não apenas um número no crachá. E acho que meus parceiros de trabalho também pensam assim. Eu me sinto acolhida por vocês. Isso, para mim, faz toda a diferença".

Quando não nos sentimos pertencentes, ficamos deslocados do conjunto e descomprometidos com o grupo. Uma vez acolhidos, porém, tendemos a defender, mesmo que de modo inconsciente, essa condição, com real envolvimento emocional, comprometidos com o que nos acolhe.

Aqueles que torcem por algo, algum time ou por uma causa comigo partilham de um mesmo senso de pertencimento. Não é à toa que nos sentimos mais confortáveis quando estamos unidos em um único grupo. No esporte, podemos ter diferentes clubes "do coração" e nos sentirmos separados, mas nos unimos em uma única torcida pela Seleção Brasileira, por exemplo. Naquele momento, um torcedor do Vasco abraça outro do Flamengo para comemorar um gol, pois estão unidos pelo país ao qual se sentem pertencentes. São torcedores do Brasil, dispostos em uma sala de estar, compartilhando dos mesmos petiscos e bebidas. E estão abertos a realizar algo juntos.

Logo, **pertencimento** é o primeiro aspecto essencial de um ecossistema acolhedor. Portanto, mensagens que representem esse aspecto devem se tornar um hábito na sua equipe.

A Aço Cearense, maior distribuidora independente de aço do Brasil, com quase 4 mil colaboradores, onde venho construindo uma história como gestor, consultor e assessor desde 2006, possui mais de 50% de sua equipe administrativa e comercial trabalhando na empresa há mais de dez anos. Boa parte possui mais de duas décadas de casa.

Uma pesquisa interna revelou que o principal sentimento reconhecido pelos seus colaboradores em relação à empresa é o pertencimento. Os componentes da organização conhecem profundamente os trâmites dela e são capazes de produzir resultados espetaculares com isso.

Outro aspecto desse ecossistema é a necessária percepção das pessoas de que ali são **relevantes** como indivíduos. Quem sempre praticou esse conceito muito bem foi Robinson Shiba, fundador das redes China in Box e Gendai. Pude sentir na pele a sua capacidade de fazer que as pessoas se sentissem relevantes nas ocasiões em que estivemos juntos. E como isso engaja!

Recebi o Shiba em minha cidade, após ele ter aceitado prontamente o meu convite para palestrar em um evento beneficente. No jantar, se mostrou empolgado pela sua estreia no programa *Shark Tank Brasil*[35] – que mais tarde se revelou um sucesso –, uma nova experiência em sua vida empresarial. No entanto, foi na sua maneira discreta, mas atenciosa, de lidar com todos que ele demonstrou o quanto é uma pessoa especial. Ele nos faz sentir relevantes.

Possibilitar que uma pessoa se sinta relevante é fazê-la perceber que ela, como um ser individual, tem valor para você. E, como já foi dito, todos temos um valor inerente. Quando assumimos essa visão, notamos que essa pessoa é merecedora de um "tempo de qualidade", no qual se sinta realmente percebida e ouvida.

A partir dessa conexão mais próxima, tive um novo encontro com o Shiba na casa dele, em Orlando, onde pude conhecer melhor a família toda. Também estive com ele em seu escritório de São Paulo e pude testemunhar como esse mesmo sentimento de ser relevante era compartilhado por quem o acompanha na rotina de trabalho; e então compreendi o nível de compromisso que seus colaboradores e parceiros dedicavam para a proposta de Shiba.

Se você quer ser relevante, faça as pessoas se sentirem relevantes. No contexto do seu time, estimule que uns demonstrem relevância para os outros, valorizando o tempo de qualidade para ouvir e interagir com cada pessoa individualmente.

Compaixão e **flexibilidade** também são conceitos importantes para o equilíbrio do ecossistema das organizações. A ideia é: se você é do meu time, eu confio em você e sabemos que ambos queremos o melhor para a nossa equipe. Logo, as regras, apesar de importantes, não são mais relevantes do que as pessoas do nosso time.

Mariana, por exemplo, era uma assistente de suporte que tinha como responsabilidade gerir o estoque de diversas prestadoras de serviço que

---

[35] *SHARK Tank Brasil*. Criação: Mark Burnett. Brasil: Sony Channel, 2016. Reality show (episódios de 60 min.). Disponível em: https://br.sonychannel.com/series/shark-tank-brasil. Acesso em: 29 set. 2022.

trabalhavam com uma empresa de distribuição. Seu papel era trocar informações sobre todos os produtos que entravam e saíam das prestadoras, replicando os mesmos dados para toda a equipe de vendas. Um trabalho cuja acuracidade era extremamente importante, pois falhas poderiam gerar duplicidade de vendas, problemas de fluxo e muitas reclamações. Mas Mariana errou diversas vezes por acreditar que sabia trabalhar e não admitia o contrário disso. Seu líder chegou à conclusão de que sua postura de não assumir as falhas era um risco para todos e decidiu demiti-la.

Na conversa final, antes de ser efetivamente desligada, pediu uma última oportunidade. E o gestor usou de **compaixão**, afirmando: "Você é um membro do nosso time e, se realmente quiser, poderá cumprir sua função nessa equipe. Estaremos prontos para ajudá-la".

Reconhecendo suas limitações, Mariana trabalhou obstinadamente para rever todo o seu aprendizado e foi capaz de assumir com competência a demanda que lhe cabia. Não desperdiçou a oportunidade que havia sido dada e passou a se sentir realmente pertencente à equipe e de ser relevante para seu líder, o que fez um importante senso de gratidão e comprometimento crescer dentro dela. O ganho, na verdade, foi de todos.

Estudos[36] demonstram que pequenos gestos de compaixão, diante de erros ou comportamentos indesejados, promovem níveis de comprometimento maior no médio prazo. Compaixão, no entanto, não é incentivo à negligência ou enganos displicentes. Está ligado a uma mudança e à gratidão, que é manifestada pelo reconhecimento da oportunidade e da ação para melhorar.

Já a **flexibilidade** se baseia em demonstrar que as regras não passam por cima das pessoas e estas são, de fato, a razão pelas quais as regras existem. As diretrizes devem contribuir para que as pessoas estejam felizes e motivadas. O cartão laranja, por exemplo, é uma estratégia adotada em muitas organizações e um exemplo de flexibilidade. Todo colaborador pode utilizar ele para sair mais cedo uma vez por mês (ou mais, se assim for combinado), em caso de risco de burnout ou de um

---

36 ARAÚJO, M. L. C. **Contributos para a compreensão da compaixão no trabalho**: relação com as características e práticas organizacionais. Tese (Doutorado em Ciências Sociais) - Universidade de Lisboa, Lisboa, 2020.

compromisso pessoal importante. É lógico que deve haver responsabilidade ao usá-lo, sem deixar a equipe na mão, e isso é construído por laços de confiança.

Estes são alguns exemplos de ações semelhantes de flexibilidade que podem ser aplicadas: carga horária e o ambiente flexível, usando o home office ou o sistema híbrido (on-line e presencial); flexibilidade no estilo das vestimentas; ou gestão horizontal (decisões compartilhadas em conjunto com as lideranças).

Então, você deve ser guardião de um ecossistema que respeita e acolhe por meio de deixas de **pertencimento**, fazendo os colaboradores se sentirem **relevantes**, usando, se necessário, de toques de **compaixão** e **flexibilidade** para construir uma base de confiança.

A lógica de tudo se apoia em uma simples premissa: "Se você faz parte da nossa equipe, nos importamos com você". Essa é a ideia dos *giftworks*, termo criado pelo *Great Place to Work*. Os *giftworks* são gestos, iniciativas e deixas que fazem as pessoas se sentirem especiais, que trazem a mensagem "nos importamos com você" e que geram pertencimento, relevância. Alguns desses *giftworks* podem estar associados à compaixão e à flexibilidade nos momentos mais necessários, ou a surpresas que geram grandes memórias.

Cauê Oliveira[37] trata com muito humor da importância dos *giftworks* na consolidação dessa conexão emocional com o colaborador. O autor cita o caso da construtora que decidiu inaugurar o teatro com uma sessão exclusiva para aqueles que o construíram irem acompanhados de seus familiares, criando um momento único que muitos jamais tinham experienciado. Foi um gesto que com certeza ficará na memória dessas pessoas. Imagine como elas se sentiram pertencentes e acolhidas!

Se trabalhamos em um ecossistema seguro e ao mesmo tempo acolhedor, e percebemos na liderança e na organização o sustentáculo dessa condição, entendemos que estamos trabalhando para e com "as pessoas nas quais acredito", um combustível essencial para o engajamento.

---

[37] OLIVEIRA, C.; PENNA, G. **Great Leader to Work**: como os melhores líderes constroem as melhores empresas para trabalhar. São Paulo: Primavera Editorial, 2021.

EFEITOS COLATERAIS

Tudo na vida pode gerar um efeito colateral. Um ecossistema seguro e acolhedor pode também promover efeitos prejudiciais, como a acomodação, erros acobertados para não prejudicar um colega ou uma performance limitada. Isso é péssimo. Portanto, precisamos de um antídoto.

Imagine a seguinte cena: Ricardo acordou, se arrumou e tomou um bom café. Abriu um sorriso ao beijar a esposa e o filho, e saiu para trabalhar. Um friozinho na barriga se misturou com a satisfação de saber que iria encontrar seus parceiros de trabalho. Ele sabia que estava indo para um cenário **instigante**, que o motivava a dar o melhor de si. E isso era bom!

Para melhor entender esse cenário, pode-se imaginar que o ambiente de trabalho ideal para a empresa e o colaborador é como aquele fisiculturista que chega na academia e pega pesado, muitas vezes "trincando os dentes", urrando pelo esforço de conseguir o movimento mais perfeito e com maior carga, porém, no final de cada série, sente em seu corpo uma força extra de motivação, hormônios pipocando na corrente sanguínea, uma sensação de poder que dá prazer diante do esforço dedicado. E isso faz com que ele continue. Ele está ali enxergando os frutos do próprio trabalho, vivendo uma paixão e desejando mais, pois tem a ambição de se tornar ainda melhor.

Pense como seria se fôssemos capazes de trazer para o nosso time a mesma perspectiva de trabalhar duro, em alta performance, muitas vezes "trincando os dentes" em busca de resultados. Mas, no final de cada série, precisamos garantir a motivação necessária para a próxima, incentivando o prazer da vitória, da superação. Essa é a característica da face **instigante** do nosso ecossistema desejado.

Esse é o próximo passo: instigar as pessoas. Alcançar o meio da pirâmide. E é para lá que vamos!

CAPÍTULO SEIS

Instigar é buscar a excelência, e este é o objetivo de todo time que deseja grandes resultados. A excelência tem mais a ver com se apaixonar pelo que faz e "fazer cada vez melhor" do que com "fazer tudo perfeito". É a filosofia dos vitoriosos. O desejo de vencer, de entregar o que foi definido, deve se tornar um hábito presente no espírito de cada colaborador.

Um líder que promove de modo magistral esse conceito é o Leandro Moreira, da Zion. Sua escola, que forma profissionais do entretenimento, como designers gráficos, programadores, criadores de jogos, entre outros, é uma ilha de excelência. A busca pelo excepcional fica evidente quando se entra naquele ambiente lúdico fantástico, digno de um parque da Disney, e encontra os melhores equipamentos e profissionais, que são incansavelmente treinados e motivados a buscarem a excelência como bandeira. Isso também se estende à formação da mentalidade dos alunos. Leandro fala sobre o papel de cada colaborador no intuito de se tornar herói de uma organização movida pela busca da excelência.[38] Não é à toa que a Zion continua a crescer rapidamente e de maneira sustentável.

Jim Collins afirma que você não precisa motivar as pessoas quando escolhe as pessoas certas,[39] pois estas são motivadas pela busca da excelência. Então, é importante escolher bem quem faz parte do time, pois é quem deve se habituar com essa cultura. A começar por você.

EXCELENTE QUER EXCELENTE

Imagine como deve ser a preparação de uma Ferrari para uma nova temporada de Fórmula 1: o engenheiro, que está desenvolvendo um novo sistema de câmbio, sabe que ao mesmo tempo existe outro trabalhando na evolução dos freios ou na resistência aerodinâmica. Todos estão atuando no sentido de alcançar um carro mais competitivo. Cada um percebe que o próprio empenho é somado ao do outro, e o objetivo será colhido pelo conjunto desses esforços em inovar na busca da excelência. Isso por si só é instigante e motivador.

---

[38] MOREIRA, L. **Seja um líder de heróis**: como transformar sua equipe em um esquadrão imbatível em tudo o que faz. São Paulo: Gente, 2019.

[39] COLLINS, J. *op. cit.*

Então, nós, como líderes-gestores, devemos ajudar as pessoas a desejarem a excelência. Se há uma cultura de excelência conduzindo toda a dinâmica da equipe, a pressão se dilui e aqueles que não seguem esse objetivo acabam por deixar o grupo naturalmente, o que reforça a afirmação de Jim Collins. Ficam os que compreendem e se motivam pela própria busca do excelente.

Essa é a face instigante do nosso ecossistema desejado. Viver e trabalhar em um ecossistema instigante é como injetar combustível em um motor que consome constantemente e precisa ser reabastecido. É um processo contínuo. As pessoas precisam disso para se manterem interessadas. Nosso papel como líderes é alimentar essa fogueira, conduzindo as pessoas a atingirem os objetivos definidos.

Assim, para que você promova um ecossistema instigante, que impulsione todos a oferecer o melhor e entregar excelentes resultados, sugiro que siga seis pontos fundamentais:

1. COMPARTILHAR A VISÃO E LANÇAR DESAFIOS

Tudo começa na visão. O líder deve sempre se lembrar de que compartilhar a visão de "aonde queremos chegar" e "o que vamos obter ao chegar" é essencial. Todos devem ter noção de qual é a vitória de que estamos falando para se comprometer com ela. A capacidade de enxergar a visão da organização ou de criar uma visão e compartilhá-la é o que chamamos de competência visionária.

Nos idos de 1960, o presidente dos Estados Unidos, John Kennedy, foi ouvido por toda a nação, em rede de rádio e televisão, para anunciar um projeto que, na época, representava algo espantoso: a chegada do homem à Lua e seu retorno com segurança. Apesar de os russos terem o mesmo plano, Kennedy conclamava, naquele chamado, todos os cidadãos estadunidenses para que isso se tornasse realidade por intermédio deles, antes de qualquer outro país. A visão do presidente era demonstrar a capacidade daquela nação e de toda a humanidade de superar todas as barreiras e alcançar feitos até então impensáveis.[40]

---

[40] SOUSA, R. Era Kennedy. **Brasil Escola**. Disponível em: https://brasilescola.uol.com.br/historia-da-america/era-kennedy.htm. Acesso em: 10 dez. 2022.

O líder deixava claro que seria necessário um grande esforço de muitas pessoas, mas o resultado alcançaria proporções gigantescas. E, assim, foram criados diversos grupos de trabalho que se dedicaram dia e noite para a realização desse sonho, que enfim se concretizou em 20 de julho de 1969 e foi registrado nos televisores de milhões de pessoas.

A visão deve desafiar as pessoas a conquistarem o que foi proposto. A visão desafiadora de John Kennedy era levar a humanidade à Lua; todos foram instigados a transformá-la em realidade. Em um discurso na Universidade Harvard, Mark Zuckerberg cita a história de Kennedy visitando a NASA na época: ao ver um zelador com uma vassoura, perguntou o que ele estava fazendo; o zelador respondeu: "Senhor Presidente, estou ajudando a colocar um homem na Lua".[41] A visão se torna mais poderosa quando está conectada a um porquê, que poderia ser: "Chegaremos à Lua porque isso mostrará que a humanidade é capaz de ir além, superando todos os obstáculos" ou "Alcançaremos essa meta porque assim mostraremos como estamos evoluindo rápido". Note que o porquê nem sempre precisa ser claro, mas o simples fato de ele existir já potencializa a proposta. É mais um gatilho mental a seu favor. Se essa visão estiver associada a um propósito maior, que inspira o propósito pessoal de cada um, ela se fortalece.

As pessoas, ao compartilharem de uma mesma visão, se envolvem emocionalmente com aquele objetivo e podem começar a encontrar cognitivamente maneiras de atingi-lo. Essa visão, como disse, deve gerar desafio. É importante lembrar que o estresse em demasia traz prejuízos já conhecidos para a saúde das pessoas, inclusive na performance. No entanto, a falta de estresse é tão ou mais prejudicial. Na verdade, as pessoas precisam ser estressadas em um nível ideal, que as conduza para um ritmo veloz de movimento; uma velocidade que traz resultados e impulsionamento sem que esse estímulo as consuma.

Certa vez, em nossa reunião mensal de resultados comerciais, o meu amigo Paulo Martins, diretor comercial, trouxe a grata notícia de que a

---

41 "ESTOU aqui para dizer que só encontrar seu propósito não basta": leia o discurso de Mark Zuckerberg em Harvard. **Na Prática**, 18 ago. 2017. Disponível em: https://www.napratica.org.br/mark-zuckerberg-fala-sobre-proposito-harvard/. Acesso em: 10 jan. 2023.

equipe havia batido uma meta extremamente difícil. A comemoração foi geral. Todos se alegraram e se sentiram capazes. O esforço de um mês duro tinha valido a pena. No final da reunião, ao apresentar a meta para o mês seguinte, Paulo usou como base o recorde alcançado, acrescido de 10%. Naquele momento, o número parecia cruel, algo utópico. Alguns se entreolharam, perplexos com a suposta ousadia. Para surpresa de todos, a nova meta também foi batida e, no mesmo ano, superada em mais de 15%. A mesma equipe, que já apresentava resultados fantásticos, foi capaz de se superar várias vezes. Sem o desafio, isso teria sido muito difícil. Se não existisse alguém para esticar as possibilidades, certamente não teriam alcançado essas vitórias.

2. PERMITIR AUTONOMIA E AUTORALIDADE

Algo que instiga as pessoas a oferecerem o melhor na busca da excelência é conquistar autonomia, colocar o toque autoral nas tarefas e enxergar a própria assinatura nos resultados. Autonomia para que o colaborador possa realizar algo com a liberdade de pensar no "como fazer". Se as diretrizes do que ele apresentará estão definidas, o mais importante será a entrega e não o caminho escolhido por ele.

Pessoas não são robôs, nem a ideia é que venham a se comportar de maneira automática. Na verdade, elas querem deixar a sua marca no que fazem. Sendo assim, acabam reproduzindo o coletivo, mas com visão individualizada. Há uma necessidade intrínseca de aplicar a assinatura autoral. "Autoralidade" é um termo que ouvi pela primeira vez do Pablo Marçal,[42] em uma mentoria de marketing. Adorei o termo, pois ia ao encontro do que eu queria expressar, ao separar autonomia, que é a liberdade de definir "como fazer", de "se perceber parte da entrega".

Certa vez, o diretor de uma importadora de peças automotivas pediu para a sua gerente de logística uma proposta que seria apresentada para toda a diretoria. Definiu os indicadores, os temas principais e a mensagem que deveria ficar clara nesse encontro, mas deu autonomia para que a

---

[42] Mentoria on-line especial do programa Maestria em Negócios – Febracis Coaching, com a participação de Pablo Marçal, em maio de 2020.

profissional produzisse o material e depois mostrasse a solução. A gerente entendeu que, além de uma bela apresentação, poderia propor um exercício, no qual incluiria a participação ativa dos diretores, que compartilhariam a visão deles sobre como o problema tratado impactava suas áreas para, em seguida, trazer a solução. Quando apresentada, a reação foi imediata, vista como um remédio para as dores desses executivos. Aprovou-se imediatamente a ideia.

O diretor de logística reconheceu a iniciativa, elogiou a gerente em público e destacou sua "autoralidade" no que foi solicitado. Ela, por sua vez, se motivou para oferecer sempre o melhor, já que cada trabalho teria sua marca pessoal. Definindo claramente a entrega, o gestor demonstra confiança no bom senso e na competência do seu liderado em estabelecer a maneira como essa tarefa será realizada. E, ao mesmo tempo, permite que a parcela de trabalho autoral seja exposta. Isso é instigante.

A pior atitude de muitos líderes, no entanto, é se apoderar de um trabalho, ideia ou resultado de membros da sua equipe e os apresentarem como seus, sem reconhecer a "autoralidade". Não aja assim. Além de ser antiética, essa atitude desmotiva o esforço extra de quem se dedicou.

3. DAR A ELES O GOSTO DA VITÓRIA

O seu time precisa acreditar que a vitória é uma realidade e buscá-la, mesmo que ela seja extremamente desafiadora. Para isso, você deve desligar o seu modo linear de pensar e ativar o modo cíclico. Se toda grande vitória pode ser dividida em pequenas vitórias, não adianta definir sempre metas que são desafiadoras demais. Transforme-as em passos menores.

Em determinada ocasião, uma de minhas equipes estava há dois meses sem atingir a meta, o que era incomum. E estávamos correndo o mesmo risco no terceiro mês. A equipe já estava estressada com a pressão. Então, veio a proposta: "Vamos garantir essa semana, com todas as nossas forças". E, assim, definimos um bônus de sucesso e trabalhamos com uma meta mais desafiadora naquela semana e com o foco nesse único objetivo. Obtivemos resultado. Isso demonstrou que era possível. Na semana seguinte, houve resultado semelhante e acabamos cumprindo a nossa meta mensal.

> VIVER E TRABALHAR EM UM ECOSSISTEMA INSTIGANTE É COMO INJETAR COMBUSTÍVEL EM UM MOTOR QUE CONSOME CONSTANTEMENTE E PRECISA SER REABASTECIDO.

Quando nosso time está em uma sequência de vitórias, as próximas se tornam naturais. Assim como um time esportivo, o time empresarial passa por uma "boa fase" ou uma "má fase". O ambiente se torna vitorioso ou não se acreditamos ou não nas vitórias e as desejamos. Falaremos mais disso ao analisar o Ciclo da Conversão.

4. QUE TAL PROMOVER UM JOGO?

Uma competição interna sempre existirá, a não ser que não haja compromisso. Em uma cultura de excelência, ela é inevitável. O ideal é que seja bem direcionada para uma competição colaborativa, na qual todos trabalham primeiro em função da equipe e, somente assim, cada um é reconhecido na sua parcela de contribuição.

Quem nunca colaborou com aplicativos de mobilidade urbana, como o Waze, sinalizando ajustes de rotas ou acidentes, ou marcou suas preferências, pontuando estabelecimentos no próprio Google, ou ainda se esforçou para passar uma fase e ganhar recursos e status em um jogo on-line?

A gamificação – como é chamado esse modelo de desenvolvimento através da competição saudável, que envolve passar fases, ganhar status e chegar o mais longe possível – é uma maneira inteligente e cada vez mais comum para motivar o desejo por vitórias, que se torna um hábito em um ecossistema instigante, estimulando o engajamento entre os componentes da equipe, inclusive estreitando vínculos entre eles.

A Gerdau,[43] por exemplo, criou um jogo para apoiar o treinamento de segurança dos colaboradores, com o objetivo de identificar acontecimentos que envolvem riscos e pontuá-los de acordo com o grau de periculosidade. Em uma ação promovida pela Vivo,[44] o colaborador cria um avatar e interage com personagens fictícios, focados no desenvolvimento

---

[43] GERDAU investe em gamificação e realidade virtual para treinamentos de segurança. **IT Forum**, 5 set. 2016. Disponível em: https://itforum.com.br/noticias/gerdau-investe-em-gamificacao-e-realidade-virtual-para-treinamentos-de-seguranca/. Acesso em: 12 out. 2022.

[44] GAMIFICAÇÃO nas empresas: 5 casos de sucesso para conhecer! **Ludospro**, 30 ago. 2019. Disponível em: https://www.ludospro.com.br/blog/gamificacao-nas-empresas. Acesso: em 12 out. 2022.

de competências. Um sistema desenvolvido pela Microsoft[45] possibilita que as equipes encontrem, de maneira rápida, as falhas de programação nos softwares criados pela própria empresa, na fase de testes, antes de lançá-los no mercado. Empresas e startups, como a Domino's, a Chasing Unicorns, a Betterworks.com,[46] a própria Gerdau e a Nestlé[47] utilizam o recurso para recrutar e treinar novos colaboradores.

5. RECONHECER SEMPRE QUE POSSÍVEL

Muitos pensam que reconhecer se trata apenas de remuneração ou premiação financeira sobre um trabalho bem-feito. Para muitos, isso é importante, claro. Porém, no médio prazo, reconhecer exige muito mais do que isso. Essa ação está conectada com questões psicológicas. Muitas pessoas chegam a trocar de empresa, mesmo admitindo receber salários menores, por falta de reconhecimento.

Imagine que você faz parte de uma equipe e produz o seu trabalho com excelência, enquanto o seu colega é displicente e entrega menos do que o esperado. Mas, na hora de se relacionar com a equipe, o seu "líder legal" trata a todos da mesma maneira e reconhece o trabalho da equipe, mas não toma nenhuma atitude em relação ao reconhecimento individual. Com o passar do tempo, você começa a compreender que todo o seu esforço tem o mesmo valor que o mínimo que o seu colega entrega e tende a relaxar também. O líder tentou se relacionar de maneira positiva com todos, mas a atitude dele destruiu um colaborador diferenciado. Não apenas o reconhecimento do coletivo é importante, o individual também é necessário.

---

45 GIROLDO, B. 7 exemplos de gamificação aplicada nas grandes empresas. **Pós PUC-PR Digital**, 25 nov. 2020. Disponível em: https://posdigital.pucpr.br/blog/exemplos-de-gamificacao-aplicada-nas-empresas. Acesso em: 12 out. 2022.

46 COMO a gamificação pode ajudar no processo de contratação. **Forbes**, 10 mar. 2020. Disponível em: https://forbes.com.br/carreira/2020/03/7-formas-de-como-a-gamificacao-pode-ajudar-no-processo-de-contratacao. Acesso em: 12 out. 2022.

47 SUTTO, G. Gamificação: recrutadores adotam processo seletivo baseado em jogos. **InfoMoney**, 28 set. 2019. Disponível em: https://www.infomoney.com.br/carreira/gamificacao-recrutadores-adotam-processo-seletivo-baseado-em-jogos-conheca/. Acesso em: 12 out. 2022.

O reconhecimento é a melhor e mais desejada moeda de pagamento que o seu colaborador precisa. Não espere que a empresa lhe ofereça algo para premiar os membros do time. Muitos bons líderes-gestores, por iniciativa própria, demonstram o seu apreço pelo trabalho da equipe ou de um colaborador que se destacou com ações simples, mas significativas, como presenteando com um livro, um ingresso, um convite para um almoço, ou mesmo uma palavra especial. Isso faz que as pessoas se sintam relevantes e vejam o líder como relevante para elas – algo que, por si só, já é instigante.

6. PROMOVER A CULTURA DA INOVAÇÃO

A inovação contínua é fundamental nas organizações que desejam sobreviver e prosperar no mercado. Quando as pessoas estão imersas em um ambiente de inovação, compreendem que tudo pode ser revisto e melhorado, simplificado ou substituído, em prol da performance e do benefício geral. Há uma perspectiva de se fazer sempre mais com menos energia, utilizando o fator inteligência.

Cultura de excelência, baseada em compartilhar a visão e lançar o desafio, permitir autonomia e autoralidade, promover o gosto pela vitória e fazer que os colaboradores desejem esse gosto, tornar a disputa natural um jogo, reconhecer sempre e promover a cultura de inovação: esses são pontos que constroem o ecossistema **instigante**. E você, líder-gestor, deve fomentar esses pontos se quiser resultados gigantes.

A próxima fase da nossa pirâmide é o ecossistema missionário. Mas, antes de nos aprofundarmos nesse tema, trabalharemos a ferramenta principal que o ajudará a manter um bom ecossistema ativo. Afinal, precisamos garantir os nossos ganhos, certo? Vamos juntos!

CAPÍTULO SETE

DESENVOLVER BONS HÁBITOS

Uma jovem entrou inocentemente na recepção de uma clínica e, sem saber, participou de um experimento[48] no qual atores repetiam uma ação, no mínimo, estranha. Ao soar uma campainha, todos se levantavam e depois voltavam a se sentar. A moça se sentou entre essas pessoas e, quando a campainha tocava, observava todos se levantarem e se sentarem novamente, o que se repetiu muitas vezes. Após algum tempo, ela começou a repetir o gesto, acompanhando o movimento coordenado dos outros.

De repente, outro jovem desavisado entrou na recepção e se surpreendeu com o levanta-e-senta das pessoas. Da mesma maneira, após algumas vezes, ele também acompanhou a ação do grupo. Aos poucos, os atores saíram e novos desavisados chegaram, e o processo continuou até que todos os que estavam na recepção formaram um conjunto diferente do inicial, sem nenhum ator entre eles. Por incrível que pareça, a estranha sequência de se levantar e de se sentar permaneceu.

Em um dado momento, um dos presentes, aparentemente mais crítico que os demais, parou e perguntou: "Por que vocês estão fazendo isso?". A jovem respondeu: "Não sei. Todos estão fazendo!". O rapaz, desconcertado, passou a acompanhar o movimento. Por fim, todos saíram e apenas uma pessoa se viu na recepção e, mesmo assim, ao soar a campainha, ela se levantava e se sentava. Essa pessoa não precisava dar satisfação a ninguém, mas ela seguiu o hábito coletivo que julgava ser "o certo".

Esse e outros experimentos de alinhamento social procuram demonstrar como somos influenciados pelo meio e conduzidos inconscientemente a seguir padrões. Note que a sequência de movimentos começou pela influência social e se estendeu mesmo depois, como se fizesse parte da cultura daquele local. Interessante, não?

Certa vez, me peguei vendo algumas fotos antigas e pensando: *Como eu me vestia dessa maneira?* Quem sabe você tenha passado pela mesma experiência. Calças boca-de-sino, estranhos cortes de cabelo, bandanas multicoloridas na cabeça, pochetes na cintura, enfim, tendências da moda

---

[48] BRAIN Games. Direção: Trey Nelson. Estados Unidos: National Geographic, 2011. Vídeo (4 min. 32 s.). Disponível em: https://www.youtube.com/watch?v=QV5r_z-6uOw. Acesso em: 29 set. 2022.

de determinada época que influenciaram gerações e que hoje podem parecer incoerentes. Mas, na ocasião, eram vistas como "o certo" para nós. Então, simplesmente, se tornaram escolhas naturais.

Minha mãe cansou de me chamar a atenção, dizendo que as calças que eu usava na época estavam "pescando siri", por estarem acima das canelas, mas hoje esse modelo voltou à moda como "barra italiana". O cinto sumiu e as canelas apareceram, e todos estão achando lindo. Eu mesmo já aproveitei para usar, enquanto está "na moda".

A sociedade muda. A cultura é viva e está sempre em movimento. E isso fica bem claro quando se observa os costumes da nova geração. Os jovens de hoje se comportam de maneira bem diferente dos de ontem, pois possuem gostos distintos, enxergam a vida de outro modo, possuem uma nova visão de certo e errado. E tudo isso exatamente porque, segundo a neurociência, foram "programados" com inputs (entrada de dados ou informações) diferentes.

As nossas trilhas neurais são formadas a partir dos inputs recorrentes – como palavras, exemplos, ensinamentos – que chegam a nós principalmente na infância, mas também durante toda a vida. Esses inputs de repetição constroem trilhas que definem como percebemos o que está ao nosso redor, como pensamos, sentimos e agimos a partir disso.

Viajando pelo mundo a negócios, costumo observar o comportamento de diferentes culturas. Na oriental, por exemplo, o dragão é associado à alegria e à prosperidade, enquanto, para nós, representa um perigo. Em se tratando de relações sociais, as diferenças entre culturas são muitas – até um abraço ou um gesto aparentemente inocente pode ser interpretado de maneira negativa, dependendo de onde você está. É preciso ter cuidado para não cometer erros que podem ser arriscados quando se está em um ambiente diferente.

Ora, não tenha dúvida de que o mesmo acontece com a cultura organizacional. Cada empresa pode definir, a partir de seus valores, o que é ou não é conveniente. Como eu disse antes, a verdadeira cultura é aquela que está sendo praticada neste momento pelas pessoas. Aquilo que se repete de maneira consistente é o que prevalece e se transforma em cultura. Há, naturalmente, a tendência de se criar hábitos coletivos que podem ajudar ou prejudicar a manutenção do ecossistema atuante e da cultura desejada.

Alguns dizem que o segredo do sucesso é a consistência. Mas sabe qual é o segredo do insucesso? A consistência. Caso sejamos consistentes em hábitos positivos, seguiremos no caminho de sucesso; mas hábitos negativos repetidos nos levam na direção contrária. Da mesma maneira que outras pessoas, tendemos a partilhar hábitos coletivos, que podem ser bons ou ruins. É muito mais difícil ter o hábito de comer fast food se convivemos com adeptos da vida saudável. É bem mais fácil se manter em ordem convivendo com pessoas organizadas.

Logo, seu papel como líder é disseminar uma boa cultura, promovendo hábitos que a reflitam. Para o ajudar nisso, a seguir cito quatro hábitos essenciais das equipes de sucesso que você deve se esforçar para disseminar entre os membros do time.

O HÁBITO DE SEMEAR

O primeiro hábito está perfeitamente descrito na famosa parábola do semeador,[49] presente na Bíblia, que conta sobre um trabalhador que saiu para semear e parte das sementes caiu na beira da estrada, o que fez os pássaros virem e comerem tudo. Ele continuou a semear e parte caiu no meio das pedras, onde havia pouca terra, e logo as sementes brotaram, mas como estavam sem raízes, veio o Sol e as secou. O semeador continuou a jogar as sementes e parte caiu no meio dos espinhos. As sementes, então, brotaram e cresceram, mas os espinhos as sufocaram. Mais à frente, as sementes caíram em terra boa, brotaram, cresceram e deram frutos de trinta, sessenta e até cem por um.

Você poderia imaginar a moral dessa história? Na Bíblia, nos é proposto que sejamos a terra boa, que gera frutos para as sementes de Deus. Mas há aqui um ponto essencial, muito importante para nós: o semeador não parou de semear, mesmo não resultando em frutos. Ele seguiu semeando, pois o seu papel era exatamente esse. Ele sabia que, se

---

[49] Adaptado de uma das parábolas de Jesus, encontradas nos três primeiros evangelhos do Novo Testamento (Mateus, Marcos e Lucas) e no apócrifo Evangelho de Tomé. SÃO Mateus, 13. **Bíblia Católica Online**. Disponível em: https://www.bibliacatolica.com.br/biblia-ave-maria/sao-mateus/13/. Acesso em: 10 dez. 2022.

continuasse a semear, em algum momento ia atingir seu objetivo. E isso faz toda diferença.

Com nossas equipes, acontece o mesmo: devemos plantar boas sementes o tempo todo. Esse deve ser um hábito aceito por todos os integrantes. Você e os membros do seu time devem estar dispostos a semear sem esperar nada em troca, e isso naturalmente trará resultados.

Ligado a isso, há algo chamado "gatilho de reciprocidade". Trata-se de um comando mental que define que, quando recebemos gratuitamente algo, estamos mais propensos a retribuir o mesmo. Tal gatilho age como as sementes na parábola: é semeado até que comece a gerar frutos, de modo inevitável. E abre muitas portas, especialmente em relação à construção de uma cultura de colaboração mútua. A lógica é que, se alguém contribui para o grupo, mas não enxerga uma colaboração recíproca, não irá parar de contribuir, já que está ligado ao hábito de semear, independentemente de retorno. Esse hábito, ao se tornar coletivo, manterá o seu time sempre proativo e unido.

O HÁBITO DA COMUNICAÇÃO TRANSPARENTE

Comunicação, comunicação, comunicação. Arrisco dizer que a metade dos resultados de uma equipe são oriundos de uma boa comunicação.[50] E cerca de 60% dos problemas da empresa estão ligados a falhas de comunicação, segundo Peter Drucker.[51] É por isso que o líder deve insistir no aperfeiçoamento constante dessa área (verbal e não verbal) no seu time. Ela deve ser clara, transparente, não agressiva e resolutiva. Um grande desafio.

A **comunicação clara** é aquela que se preocupa em entregar todas as informações que o outro precisa receber, porém, da maneira mais objetiva

---

[50] A IMPORTÂNCIA da comunicação para a gestão de pessoas. *Estado de São Paulo, Unidade de Recursos Humanos, Centro Paula Souza*, 10 jun. 2020. Disponível em: https://urh.cps.sp.gov.br/a-importancia-da-comunicacao-para-a-gestao-de-pessoas/. Acesso em: 10 dez. 2022.

[51] RUSSAKOFF, R.; GOODMAN, M. That's Not What You Meant? Preventing Common Communication Snafus. **CBS News**, 1º nov. 2011. Disponível em: https://www.cbsnews.com/news/thats-not-what-you-meant-preventing-common-communication-snafus/. Acesso em: 12 out. 2022.

possível. A executive coach Marília Fiuza, certa vez, nos trouxe o conceito de "manchete". A ideia era a importância do primeiro contato ao abordar um tema, deixando clara a mensagem principal antes de discorrer sobre o assunto. Isso poupa tempo e atrai mais atenção. Um exemplo simples seria o envio de uma mensagem em que o assunto e a primeira linha do texto já apresentassem o porquê da mesma: "Reunião de alinhamento para o projeto x" ou "Providências sobre a situação y".

Então, se o tema é ligado a um cliente que já espera uma solução para o seu caso, por um tempo além do recomendado, antes de se discutir o motivo, o interlocutor já informa: "Um problema: cliente está esperando". E somente depois desenvolve o assunto com os detalhes que levam à análise da questão. A partir daí, aplicando a **comunicação resolutiva** – focando a solução, não o problema –, identifica-se o objetivo do conteúdo, e todos conduzem a conversa para o fechamento daquela questão, em vez de se discutir por discutir, procurar heróis e vilões ou simplesmente mudar o foco da discussão.

O objetivo deve ser sempre contribuir para resolver o que precisa ser resolvido. Ao mesmo tempo, usa-se uma **comunicação não agressiva**, que se preocupa em manter, mesmo em momentos de discordância ou conflito, uma posição de respeito, um toque de empatia ao se colocar no lugar do outro, manifestando a vontade genuína de preservar os canais de reciprocidade.

Porém, nada adianta se não houver uma **comunicação transparente**. E isso só é possível em um ecossistema seguro e acolhedor, onde as pessoas se sentem confortáveis para serem transparentes. Não adianta um líder avaliar as informações que chegam até ele para definir qual caminho seguir se alguém está omitindo informações delicadas, escondendo erros, deixando de dar opiniões conflitantes, colocando pontos de vista sinceros.

Sua equipe precisa ser motivada no sentido de manter o hábito de uma comunicação transparente, mesmo que tenhamos de enfrentar as consequências disso. É possível que você ou alguém não goste do que vai ouvir, mas trabalhar com uma comunicação transparente é a única via de uma gestão sustentável.

A VERDADEIRA CULTURA É AQUELA QUE ESTÁ SENDO PRATICADA NESTE MOMENTO PELAS PESSOAS. AQUILO QUE SE REPETE DE MANEIRA CONSISTENTE É O QUE PREVALECE.

O HÁBITO DE FECHAR CICLOS

A vida não é uma linha reta, mas uma sequência de ciclos que se conectam. E convertê-los de maneira estruturada é fundamental. Um perigoso risco que expõe qualquer equipe é o de abrir um ciclo, uma missão, um planejamento ou um plano de ação e não se comprometer a finalizar o processo. Outras demandas concorrem diretamente com esse objetivo, e você, assim como toda a equipe, deve refletir se aquilo que está sendo proposto será convertido e fechado. Se não há esse compromisso, é melhor nem começar.

Quando convertemos um ciclo, temos a oportunidade de abrir outro que é a continuidade do anterior. Assim, conectamos ciclos buscando um objetivo maior. Toda grande vitória é resultado de pequenas vitórias, convertidas e conectadas.

No final da década de 1980, um jovem americano, Mark Wellman,[52] ao completar 29 anos, escalou o rochedo El Capitan, na Califórnia. Um feito incrível. Ainda mais sabendo que foi nesse mesmo rochedo que ele se acidentou, ficando paraplégico, aos 22 anos. Ao superar os traumas e as limitações, Mark estava determinado a finalizar a meta anteriormente traçada e colocou todo o seu foco nisso. Passou anos se exercitando para se fortalecer o suficiente para escalar mil metros de rocha apenas com os braços. Seu plano era simples: avançar quinze centímetros em cada arrancada e fechar ciclos diários. Depois de milhares de puxadas ao longo de nove dias, Mark finalmente atingiu o objetivo maior. E, ao chegar, declarou: "Se você estiver disposto a avançar quinze centímetros por vez, não há nada que não consiga alcançar".

Sua equipe deve ter o hábito de converter e conectar ciclos para se tornar diferenciada. E você deve ser aquele que relembra isso constantemente.

Também é papel do líder analisar a quantidade de demandas com que a equipe se comprometeu em determinado momento para entender se são demasiadas ou não e, em caso positivo, evitar que mais tarefas sejam agregadas até que as anteriores sejam convertidas. Vale o mesmo se algo que foi proposto em algum momento se tornou sem sentido, ou se foi encontrada uma maneira mais eficiente de desenvolver tal tarefa.

---

[52] NO LIMITS. Disponível em: https://www.nolimitstahoe.com/. Acesso em: 10 jan. 2023.

Ou ainda se um ciclo perdeu prioridade para outro que precisa ser incluído. Nesse caso, podemos fechar esse ciclo antes do previsto, entendendo claramente por que esse objetivo ficou sem sentido, tirando aprendizados do processo. O que não podemos permitir é o abandono de um ciclo iniciado. Esse hábito é um dos pontos de fracasso mais comuns em equipes disfuncionais.

O HÁBITO DE MELHORAR SEMPRE

Em toda equipe deve existir o hábito de melhorar a cada dia e, assim, encontrar maneiras novas de fazer o que já é feito. Está ligado à inovação contínua do ecossistema instigante. Para isso, precisamos aprender que a maneira mais eficiente de melhorar é estar aberto para o novo e o diferente. Vivemos em um mundo de diferenças e isso é muito bom. Cada um tem o estilo próprio, a trajetória e a bagagem, e misturar personalidades e culturas distintas é bastante enriquecedor para o crescimento das pessoas e das organizações. Ideias diferentes trazem maneiras novas de agir.

Nos últimos anos, diversidade e inclusão[53] ganharam destaque dentro de várias instituições, como a IBM, a Natura, a Cielo, a Nestlé, a P&G e tantas outras. Algumas delas têm criado áreas específicas para fomentar atividades que estimulem essa diversidade, o que também inclui a contratação de pessoas de diversas etnias, condição social, faixa etária, orientação sexual e religião. Mas isso não basta se não dermos abertura para que essas ideias sejam levadas em conta. Quem faz isso é o hábito de melhorar sempre.

Pesquisadores de Harvard[54] estudaram alguns dos maiores inovadores do mundo e a conclusão a que chegaram foi que eles associam as ideias de diferentes áreas, acessam conhecimentos fora do contexto em que estão inseridos e os aplicam na resolução de problemas, nos produtos e serviços a que estão dedicados.

---

53 TOP 100 empresas em diversidade e inclusão. **Refinitiv**. Disponível em: https://www.refinitiv.com/pt/sustainable-finance/diversity-and-inclusion-top-100/2020. Acesso em: 29 set. 2022.

54 PEREIRA, M. DNA da inovação: 5 habilidades para inovar dentro da sua empresa. **Grupo Voitto**, 20 abr. 2021. Disponível em: https://www.voitto.com.br/blog/artigo/dna-inovacao. Acesso em: 29 set. 2022.

No entanto, apesar da diversidade, é preciso que juntos encontremos uma unidade, "a cara e o jeito" do nosso time. Isso se consegue aos poucos, com o hábito de melhorar em todos os sentidos: nos vínculos, nos ambientes, nos processos e nas competências, que se somam, se multiplicam e produzem uma competência coletiva. O principal é promover o hábito de ser como esponjas, uns aprendendo com os outros com o intuito de sempre evoluir como time.

O HÁBITO DE IMPLANTAR HÁBITOS

Há diversos outros hábitos coletivos que são úteis para serem promovidos na equipe e que estão diretamente ligados às características de cada ecossistema. Se um ecossistema seguro é baseado em respeito, justiça e equidade, devemos incentivar hábitos de respeito, justiça e equidade. Se queremos acolher fazendo que as pessoas se sintam pertencentes e relevantes, precisamos resguardar hábitos que criem deixas de pertencimento e que façam as pessoas se sentirem importantes.

Em todos os casos, é necessário desenvolver na equipe o hábito de implantar hábitos. E para que isso se torne realidade, existe uma ferramenta bem eficiente, que chamo de **pacotes de influência (PIN)**.

A ideia é a seguinte: se as nossas trilhas neurais se formam em sua maioria por repetições, precisamos criar pacotes de rotinas que sejam repetidos e tragam com eles hábitos positivos que influenciam a obtenção de um padrão desejado. A literatura diz que, geralmente, um hábito pode ser implementado quando, de maneira intencional, desejamos e repetimos uma rotina durante pelo menos quarenta dias.[55] Desse modo, a ideia do PIN é trazer para a equipe propostas de rotinas que serão repetidas diariamente durante esse período mínimo e que têm por objetivo promover um hábito positivo.

Logo, o hábito que incluo na lista dos essenciais da equipe é o próprio hábito de "rodar" o PIN. Isso deve ser parte da rotina da equipe. Ou seja, a

---

[55] 40 DIAS para mudar de vida: o segredo das pessoas que praticam exercício. **Donna**, 25 mar. 2014. Disponível em: https://gauchazh.clicrbs.com.br/donna/noticia/2012/08/40-dias-para-mudar-de-vida-o-segredo-das-pessoas-que-praticam-exercicio-cjpllryk1018x26cnyzw34di5.html. Acesso em: 29 set. 2022.

equipe deve se acostumar com o fato de que estarão sempre convivendo com um PIN.

Os PINs podem ser sugeridos pelo líder ou por qualquer membro da equipe. Ao finalizar o período do último PIN, é feita uma reunião e se decide pelo novo. O importante é que, ao se definir pelo PIN que será seguido, exista um porquê claro para todos, ou seja, todos precisam entender qual é o hábito coletivo que se deseja promover.

O prazo de cada PIN é também acordado. Mas não deve ser menor que quarenta dias e sugiro que não seja maior que sessenta. Mas se a equipe assim entender, o PIN atual pode ser renovado por mais um período, outro PIN que já tenha sido usado antes pode ser retomado ou um novo PIN pode ser sugerido, dependendo do hábito coletivo que se deseja implementar ou reforçar naquele momento.

Ao final do ciclo, a equipe se reúne, celebra o fim, troca ideias de qual sentimento ficou após o encerramento e então abre um novo ciclo com a definição do próximo PIN. Isso é constante.

Vou dar um exemplo de um PIN bem simples: a equipe combinou que, nos quarenta e cinco dias seguintes, todos os dias, quem chegasse à sala de trabalho seria recebido por todos com um "bom-dia" coletivo seguido do nome da pessoa. Então, ao chegar Kelly, se ouvirá um "Bom dia, Kelly! Seja bem-vinda!", e assim sucessivamente. A ideia, nesse caso, é fazer que as pessoas se sintam acolhidas. Dessa maneira, durante o período do PIN que foi acordado e validado entre todos, a rotina é respeitada.

No final desse período, outro PIN foi combinado: manter a sala organizada. Durante sessenta dias, todos tinham o compromisso de fazer a sua parte e, se necessário, qualquer um poderia organizar o que estivesse fora do lugar na mesa do outro, pois ninguém poderia ir embora sem que a sala estivesse em ordem. Resultado: durante aquele período, a sala ficou um brinco e, ao finalizar o prazo, permaneceu assim por um bom tempo, até a proposta voltar a ser aplicada e gradativamente o hábito de organização se tornar um padrão.

Note que cada PIN reforça o hábito de semear, de converter e fechar ciclos, o hábito de "rodar" o PIN, além dos hábitos propostos nos próprios combinados.

DESENVOLVER BONS HÁBITOS

Mais uma dica: se você nunca usou a dinâmica dos PINs e deseja implementar na sua equipe, comece explicando isoladamente para as pessoas que você percebe que exercem maior influência. Traga-os para formar uma aliança de implantação do PIN e, após comprometer esse pequeno grupo com a proposta, dê o passo seguinte, fazendo a primeira reunião de PIN. Explique o porquê da dinâmica, que objetiva implantar bons hábitos no grupo. Escolha uma proposta que claramente agregue valor a todos, que gere uma recompensa clara. Peça que esse grupo, a sua aliança, reforce a ideia no dia a dia. Ao final do período, feche com uma celebração e abra o novo ciclo da mesma maneira. Aos poucos, outros PINs serão inseridos com mais facilidade até se tornarem um hábito.

Um PIN sozinho não trará resultados expressivos, mas o conjunto de PINs propostos e semeados todos os dias moldará gradativamente em sua equipe hábitos que influenciam profundamente nos vínculos, nos ambientes, na revisão de processos e no desenvolvimento de competências, que contribuem para um bom ecossistema ativo.

Quando você conduz a sua equipe a assumir esses hábitos fundamentais: **semear sempre**, independentemente dos frutos imediatos; **comunicar-se de maneira clara e transparente**, sem esconder erros, se posicionando a fim de beneficiar a todos; **assumir o compromisso de fechar os ciclos abertos** de maneira consciente, aprendendo com seus erros e acertos, no intuito de melhorar continuamente; e assumir o **hábito de desenvolver bons hábitos**, está garantindo boa parte do sucesso dela e sustentando as faces do ecossistema ativo desejado.

Nos próximos capítulos, trataremos de três rotinas fundamentais do líder-gestor: presença, converter ciclos e quatro lupas. Mais do que estar presente, prepare-se para começar a ser presente. Nos vemos na página seguinte!

CAPÍTULO OITO

SER PRESENTE

Em um vídeo que viralizou na internet, uma garota cambaleia em cima de um fio de aço, desesperada, agarrando com todas as forças outro cabo de aço acima da sua cabeça. Logo abaixo dela, uma dúzia de crocodilos se debatem na água, criando um som aterrorizador, disputando espaço, aguardando a queda da jovem. A água respinga por todos os lados, as pernas dela tremem e ela grita, paralisada, acreditando que um desses crocodilos a arrancaria dali, ou um pequeno deslize causaria a queda fatal. Nesses momentos, acredito que o maior receio nem seja o de morrer, mas o de como morrer. *Vítima do ataque de um animal selvagem*, aposto que ela pensava como seria isso.

Experiências parecidas com essa são comuns em parques de aventura e, apesar de sinistras, são totalmente seguras. A jovem está atrelada a um cabo de segurança que não a deixa a ponto de estar em perigo real. E quando ela se convence disso, é capaz de finalizar a jornada. Esse cabo não é para ser usado, mas se realmente for preciso, ele está ali, pronto para ser acionado. Nas equipes, o líder é como esse cabo.

O líder deve ser percebido como alguém que estará ali caso algo saia do controle, se as forças acabarem, se for necessário um apoio. Na maioria das vezes, nem precisará agir, mas as pessoas o percebem presente.

No entanto, estar presente dá muito trabalho. Muitos gestores se obrigam a ficar o tempo todo monitorando as pessoas, fiscalizando, corrigindo. Na maior parte das vezes, desnecessariamente. Ser presente é continuar presente mesmo quando você não está presente. Isso é fundamental para um grande líder-gestor. As pessoas precisam perceber sua presença, saber das suas orientações, o que você espera delas e se comprometer com isso. E devem sentir a força do seu suporte quando precisam.

Então, meu desafio para você é: **seja presente**. Devemos estar presentes na mentalidade dos membros da nossa equipe, traduzidos em uma mensagem clara de quais são as expectativas de entrega de cada um e de como eles estão se saindo nesse objetivo. Ao mesmo tempo, estarmos presentes como sendo o "cabo de segurança" de que eles precisam para atravessar os rios e vencer os riscos.

Há uma maneira muito simples de tornar isso realidade: manter uma comunicação de alta qualidade na frequência certa.

A ROTINA DA PRESENÇA

Na aula de Física, aprendi que duas pessoas carregando uma mala, cada uma segurando uma alça, podem fazer um esforço praticamente igual ao de carregarem sozinhas caso estejam desalinhadas. Máquinas quebram, na maioria das vezes, por desalinhamento de seus componentes. Pneus se desgastam, e equipes também, por falta de alinhamento.

Nós, líderes, temos então uma tarefa prioritária: alinhar a nossa equipe com as informações e orientações necessárias. Esse é o primeiro passo para ser presente. Nessa tarefa, indico algumas frentes de presença e alinhamento, como veremos a seguir.

Presença coletiva de alinhamento geral. É quando você se reúne com os componentes, ou representantes das equipes, para que todos estejam "na mesma página" dos assuntos gerais. A ideia é promover uma reunião e compartilhar o que está acontecendo naquele momento, identificar pontos de atenção que devem ser monitorados e criar um *follow-up* de acompanhamento desses pontos em cada reunião. Após isso, abrir a palavra para que alguns possam trazer assuntos de alinhamento para o conhecimento do grupo. Cada participante deve ter a visão do todo, mesmo que não esteja diretamente ligado a algumas demandas. Essa é a ação macro da comunicação.

Sugiro que seja uma **grande reunião semanal**, mas que não precisa durar mais que noventa minutos. Lembre também das **reuniões de renovação dos PINs**, das quais falamos em detalhes anteriormente. Nessas reuniões, você tem a oportunidade de reforçar valores que representam a empresa.

Vamos tratar mais à frente das **reuniões de conversão**, que abrem e fecham ciclos. Isso gastará em média apenas duas a três horas suas, no máximo, por semana.

Indo do macro ao micro, você deve promover outro nível de alinhamento, com a etapa da sua **presença coletiva de alinhamentos específicos**. Ou seja, outras reuniões devem ser feitas para tratar demandas importantes, específicas e recorrentes, como a "análise da carteira de vendas e entregas" ou a "análise da reposição de estoques", dependendo de qual seja a natureza das suas demandas. Nessa reunião, participam apenas os que estão diretamente ligados à demanda e outros líderes, caso existam (um coordenador, por exemplo). Trata-se de reuniões focadas em decisões práticas e em busca de soluções imediatas (como no caso que citei, por exemplo, que se referem a prioridades de entregas, análise de disponibilidade de produtos, remanejamentos etc.). São geralmente reuniões de sessenta minutos, com os principais setores envolvidos e, de preferência, **também ocorrem semanalmente**.

Alguns gestores gostam de estabelecer momentos diários com determinada equipe ou com todos, mas essa é uma opção que pode acontecer com ou sem a presença do gestor. Toda ação de comunicação é bem-vinda. Apenas estou citando aquelas que você deve priorizar.

Seguindo, então, chegamos aos indivíduos. A **presença individual** acontece de maneira reativa e ativa. A **presença individual reativa** é quando alguém o procura para que você aja como o "cabo de segurança". Nesse caso, eles precisam perceber que você está ali, e isso exige empatia e respostas objetivas. Ninguém procura o cabo de segurança para ver se ele funciona. Esperam, confiam que ele funcione. Alguns líderes têm o costume de jogar essas demandas para frente, o que é um erro. Quanto antes houver um direcionamento para tratar uma demanda específica, mais segurança terão em você.

Talvez você esteja pronto para me perguntar: "Mas, Newton, eu preciso ter as respostas sempre?" E eu digo: Não! Você não precisa ter as respostas. Sugiro, inclusive, que use perguntas como contraponto às questões que aparecerem e para tomar conhecimento de toda a situação antes de recorrer às possíveis providências. Fazer perguntas é uma das maiores ferramentas do bom líder. As pessoas aprendem a pensar a partir das suas perguntas abertas, que as fazem refletir e participar da solução do problema.

Digamos que alguém procure você para intervir na solução de uma questão pendente. Você pode questionar: "O que você acha mais importante aqui?", "Quais são as nossas alternativas?", "O que estamos esquecendo de considerar?", "Qual é a sua recomendação?".

À medida que você não apresenta respostas prontas (mesmo que as tenha) e instiga os colaboradores a procurá-las, o time vai ganhar experiência para refletir mais e trazer menos. Muitas vezes nem você nem eles terão respostas imediatas e, mesmo nesse caso, o que eles precisam é perceber que você tem um interesse genuíno no problema. A questão pode até ser guardada para uma tratativa mais profunda, mas ela não foi negligenciada. Você não deve fugir do papel de "cabo de segurança".

A presença individual ativa é quando você procura alguém para checar algo, sempre na posição de se colocar como apoio, dar orientação, mostrar reconhecimento. Essa é uma ação que você deve fazer espontaneamente; não há uma frequência específica. A ideia não é controlar, mas estar presente. É o típico momento para dizer: "Posso ajudá-lo em algo?".

Você deve adotar essa iniciativa, mas procure não controlar demais. No livro O gerente-minuto,[56] há uma mensagem interessante que demonstra a importância desses alinhamentos claros e, ao mesmo tempo, mostra não ser necessário, nem mesmo positivo, o monitoramento excessivo da equipe. Ele está certo. Deixe a máquina funcionar. O que você precisa é estar presente na mente da equipe.

A PRESENÇA INDIVIDUAL CÍCLICA E O MIG

A percepção da sua presença no âmbito individual, para um membro da sua equipe, é provavelmente o maior instrumento de gestão que existe.

Camila, assistente de vendas, passou por uma mudança na liderança do seu time. Um dia, entrou sorridente em uma reunião, dizendo: "Puxa, parece que ela realmente tem interesse em nos apoiar!". E não escondia a sua satisfação. Há pouco tempo, Camila estava à beira da depressão, desestimulada por um líder que a fazia se sentir "abandonada". Aos poucos, isso a fez começar a desacreditar nesse gestor. E não há nada pior do que se esforçar por alguém em quem você não acredita.

Veja que essa liderança não maltratava ninguém e não exigia algo fora do normal; apenas não era presente. Logo, essa sensação de abandono pode migrar para um quase desprezo que, por sua vez, constrói um menosprezo mútuo, um canal recíproco negativo e, às vezes, isso se torna tóxico.

As pessoas precisam notar que você se importa, querem perceber que você realmente as considera em um processo de decisão. No fundo, entendem que há um universo particular no qual elas possuem protagonismo. Desejam se sentir vistas individualmente, mesmo para serem

---

[56] BLANCHARD, K.; JOHNSON, S. **O gerente-minuto**. Rio de Janeiro: Record, 1983.

corrigidas. Para isso, existe uma ferramenta poderosa chamada momento individual com o gestor (MIG).

O MIG é a evolução do famoso feedback. Utilizado para corrigir, o feedback é um recurso interessante que deve ser usado logo após uma situação relevante e disfuncional; e a própria cultura de excelência e o hábito de melhorar sempre tornam essa tarefa mais fácil. O feedback parece ser algo que incomoda mais o líder do que o liderado e exige que tenha a percepção da ação, o julgamento e a decisão imediata; parar e dar feedback o tempo todo, para todo mundo. Haverá também membros do seu time que nem fizeram nada de errado para serem corrigidos, nem algo especial para serem reconhecidos. Aos poucos, essas pessoas podem se sentir invisíveis.

Também envolve o como dar o feedback. Alguns gestores falam da importância das "conversas difíceis" no dia a dia e isso já deve estar sendo trabalhado quando, lá nos hábitos essenciais, listei a "comunicação transparente". Sim, de fato essas conversas são necessárias e devem ser normalizadas em uma equipe que se respeita e acolhe. Mas sempre pode haver respingos. Existem diversas técnicas de aplicação das correções, como a do "sanduíche", na qual se coloca primeiro pontos positivos da pessoa, reforçando o acolhimento, para, em seguida, colocar o recheio (os pontos de atenção e ajustes), e então finalizar com outros pontos positivos. É uma boa maneira, sem dúvida, mas já ouvi vários colaboradores traduzindo essa ação como "uma estratégia para não me chatear". Se não for bem conduzido, pode soar falso.

O MIG cria um espaço contínuo, regular e organizado para você ter contato com os membros da sua equipe e entender desejos e necessidades, dar feedback e alinhar expectativas.

O MOMENTO INDIVIDUAL COM O GESTOR

O MIG se baseia em uma estrutura científica, muito estudada e utilizada em outros processos ligados à neurociência ou ao coaching, e que cumpre diversos papéis: o de construir um canal legítimo de conexão entre o líder e o liderado; o de abrir espaço para momentos fluidos de feedback (que muitas, vezes, são evitados ou negligenciados); o de fazer o liderado se sentir relevante, visto e ouvido de verdade; o de identificar pontos de atenção, checar a percepção dos ecossistemas e planejar ações de correção ou potencialização; e, finalmente, o de alinhar ações futuras.

Para entender melhor, preciso tratar de um tema chamado "construindo conexões" que parte da seguinte premissa: você se conecta a outras pessoas baseado em como elas **sentem** você, como o **leem** e como percebem o quanto você **agrega valor** a elas. A partir dessa percepção, se desenvolve uma voz de comando efetiva – conquistada, não imposta. É o que chamo, em um de meus treinamentos, de Fator R.

Uma pequena chama, como a de um fósforo, pode conduzir a todos os que estão em um ambiente de trevas para as saídas de emergência. E os líderes são essas "luzes no fim do túnel". Chamo esses grandes condutores de "líderes-luz". Esses líderes emanam uma luz que se propaga aos que estão ao seu redor. As pessoas, então, são atraídas por essa luz e a seguem. Essa energia que cada um emana é traduzida no sentimento que você exerce sobre o outro.

Cada pessoa provoca um sentimento no seu colega de trabalho, no seu líder ou no seu liderado, que pode ser positivo, negativo ou neutro. Essa sensação vem da energia positiva que nasce no seu interior e extrapola fronteiras, iluminando os que o rodeiam. Assim, as pessoas acabam desejando ser iluminadas por você. Por esse motivo, quanto mais você evolui como pessoa, no seu equilíbrio emocional e relacional, mais você atrai.

Se você quer ser relevante para alguém, faça que essa pessoa se sinta relevante. E a melhor maneira para que isso ocorra é demonstrar interesse genuíno ao que ela sente e expressa. Quando você deixa uma pessoa expressar seus sentimentos, você tem a oportunidade de se conectar com ela, ampliar discussões e obter um importante diagnóstico. Ao se interessar pelo que o outro sente, você exerce uma ação positiva sobre ele.

Por tal motivo, a primeira etapa do MIG é estimular que o outro expresse os próprios sentimentos, abrindo o encontro com alguns questionamentos: "Como você está se sentindo, como pessoa, como profissional?", "Como se sente dentro do nosso time?". São perguntas que quebram o gelo e expõem possíveis pontos de atenção que serão explorados nas etapas posteriores do MIG. É a hora de demonstrar empatia, estimular, propor um "Fale mais...", como costuma dizer o Paulo Vieira,[57] para alcançar maior profundidade nos relatos.

Com todos os elementos que você colherá nessa conversa inicial, é possível entender em quais pontos irão se aprofundar. Pode ser na pesquisa de um problema pessoal, uma insatisfação ou frustração, alguma questão relacionada à equipe, ao ambiente de trabalho ou qualquer outro entrave. Pode também ser apenas um relato de que está tudo bem – o desejo de todos. É importante, no entanto, sempre iniciar essa conversa se lembrando da importância de uma comunicação transparente e sincera. Deixe claro que esse momento é muito mais do colaborador do que do líder. É por esse motivo que se chama "momento individual com o gestor".

Para o segundo passo, recordo que outro ponto que gera relevância é como você demonstra que a opinião das pessoas é importante. Aqui, mais uma vez, destacamos o papel das perguntas, que devem estar direcionadas para analisar o ponto de vista de alguém para os elementos que sustentam os ecossistemas no quais estamos inseridos. Algumas sugestões: "Como você avalia os vínculos da nossa equipe?", "Você se sente respeitado e acolhido?", "Desafiado?", "Como você avalia nosso ambiente de trabalho?", "Como enxerga os nossos processos?".

Ainda é possível explorar a percepção deles em relação aos outros e às competências coletivas do time com alguns questionamentos: "Como você avalia a equipe?", "Quais novas competências poderiam contribuir para a nossa evolução?", "Quais comportamentos e hábitos você percebe que nos fortalecem e quais nos enfraquecem?". E, principalmente: "O que, na sua opinião, pode melhorar?".

Ajude-os a ajudar você na avaliação do ecossistema; ao mesmo tempo, você perceberá se eles estão bem encaixados nele. Não é momento para tirar qualquer satisfação ou encontrar soluções. É hora de ouvir.

O próximo passo é reforçar a percepção positiva de seu papel como o líder que "leva as pessoas até onde elas não iriam sozinhas" – isto é, como eles o leem. O conceito que constroem em relação a você. Para isso, você pode usar perguntas como: "E como eu posso contribuir mais para o seu

---

[57] Formação Master Coach. Programa Maestria em negócios, com Paulo Vieira. Febracis Coaching, 2020.

sucesso?", "E para o resultado do seu trabalho ou o da equipe?", "O que eu posso fazer diferente do que faço hoje para agregar mais valor ou gerar mais resultados para vocês?".

Evite aquela pergunta trivial do garçom no restaurante: "Está tudo bem?". Na maioria das vezes, os clientes não vão dizer que não. Eles dirão um "tudo bem" sorridente, mesmo sem estarem satisfeitos com a comida ou com o atendimento. Use sempre o feedforward, ou seja, perguntas que projetem o que pode ser melhor no futuro. Esse conceito, muito bem utilizado por Marshall Goldsmith,[58] será bastante utilizado na parte seguinte do nosso MIG.

Sempre há algo que pode ser melhorado. Logo, não se contente com um "está tudo bem" do colaborador. Peça recomendações, explore possibilidades. Isso também constrói o conceito que ele formará a seu respeito. Não tente se defender, apenas exponha suas motivações, se sentir que é necessário.

Certa vez, uma pessoa do meu time me falou: "Você está passando por uma fase muito amarga. Suas palavras têm sido duras e vêm colocando uma pressão desnecessária, que, em vez de nos motivar, desmotiva". Doeu, mas foi proveitoso. Tanto que tive a oportunidade de explicar que em alguns momentos uma atitude mais forte acaba sendo necessária para corrigir crises, e prometi rever o comportamento para encontrar um equilíbrio que pudesse gerar um resultado melhor, coerente com a minha real intenção. No MIG seguinte, recebi um feedback dessa pessoa dizendo que sentiu a melhora e ela me parabenizou. No final, o MIG se fortaleceu, pois demonstrou que conversas geram resultados.

O próximo passo é o de alinhar expectativas. É esse o tal momento de dar um feedback, seja positivo corretivo, seja positivo motivador. É a hora de dizer: "Bem, e falando de você..." e começar a relembrar os principais pontos pelos quais essa pessoa ainda faz parte da sua equipe, as qualidades dela e como ela está contribuindo para o time.

Na sequência, se necessário, expresse os pontos de atenção observados: "Acredito que é possível melhorar aqui" ou "Tal situação não seguiu o mesmo padrão de excelência que estamos acostumados". Pode usar a

---

[58] GOLDSMITH, M. Feed Forward. **Marshall Goldsmith**, 22 jan. 2007. Disponível em: https://marshallgoldsmith.com/articles/feed-forward/. Acesso em: 27 set. 2022.

técnica das perguntas para lhe ajudar. Verifique, então, se a mensagem foi entendida, pedindo que o liderado faça um resumo do que entendeu, e finalize reforçando que tudo aquilo faz parte de um ciclo que se fechou, do qual estão tirando aprendizados e compromissos de melhorias, mas que um novo ciclo se abre e você acredita que contará com o melhor dele, pois reconhece suas grandes qualidades. É o tal do sanduíche.

A etapa seguinte trata de alinhar o futuro. Esse é o momento de reforçar a visão e construir com o liderado esse caminho compartilhado. Lembrar objetivos do time ou da organização e reforçá-los para se comprometer com eles. Mais uma vez, envolva-o com perguntas: "Como você acha que podemos fazer algo melhor desta vez?". Deixe claro o que você espera do colaborador e finalmente use o "gatilho de coerência" com questões como: "Quanto você se compromete com tudo isso?". A resposta esperada é: "Eu me comprometo 100%". Então, agradeça: "Eu também me comprometo com você".

Assim, o MIG está finalizado, mas ainda é possível medir o resultado: "De zero a dez, quão relevante esse momento foi para você?" A resposta poderá orientar a sua evolução.

Sentir, **opinar**, **agregar valor**, **dar feedback** e **alinhar o futuro**. Tudo isso em uma mesma ferramenta que deve ser repetida de maneira regular, de preferência todos os meses, com duração média de quarenta minutos. A grande chave do MIG é que seja um espaço oficial, no qual as pessoas se sintam realmente vistas pelo líder. É aí que essa ferramenta gera todos os ganhos que darão a você condições de **ser** presente. As conversas se tornam mais profundas na medida que se constroem vínculos de confiança e transparência, o que favorece possíveis correções e estimula ações de reconhecimento.

Se quiser se aprofundar nessa ferramenta, acesse o QR Code a seguir e confira um vídeo produzido especialmente para você.

www.voxlideres.com.br/videoslivroutpcs

UM TIME PRA CHAMAR DE SEU

A seguir, resumo em um quadro as ações sugeridas neste capítulo para lhe ajudar a obter um bom resultado final.

Reunião de alinhamento geral	semanal - 60 a 90 minutos
Reuniões de alinhamento específico (por setor ou demanda)	semanais - 60 minutos
Reuniões de renovação do PIN	bimestrais - 30 a 60 minutos
Reuniões de conversão (fechamento de ciclos)	mensais ou bimestrais, ou em função da meta - 60 minutos
Ações de presença esporádica ativa ou reativa	periodicidade a seu critério
MIG (com todos ou com os principais colaboradores)	mensal ou, no máximo, bimestral

Paul Maritz, que passou pela Microsoft e pela EMC Corporation, certa vez disse: "Grandes líderes, na minha visão, são aqueles que criam uma reserva de lealdade, de modo que quando chega a hora de dizer ao pessoal 'temos de mudar de rumo', as pessoas estão dispostas a fazer um esforço extraordinário".[59] Isso só acontece quando elas o sentem e o leem positivamente; quando percebem como você agrega valor a elas e, assim, se conectam, dando-lhe a posição de comando. Esse é o caminho.

O próximo passo é conduzi-las às desejadas vitórias, o que você poderá fazer ao utilizar uma ferramenta interessante: o Ciclo da Conversão.

---

[59] BRYANT, A. *op. cit.*

ANTES DE SEGUIR EM FRENTE:

Proponho uma pausa na sua leitura.

Um momento para uma tapioca (como gostamos por aqui) ou um café, ou os dois quem sabe.

Perceba-se fechando um ciclo importante dessa leitura. Relembre os insights que teve.

Você olhava do macro para o micro para atuar do micro para o macro?

Você percebia o ecossistema organizacional e interagia com ele?

Você enxergava a importância de um ecossistema seguro e acolhedor antes dos outros?

Você instiga na medida certa? Pode melhorar?

Você promove hábitos novos na sua equipe para tratar lacunas que ela demonstra e para fortalecer a cultura desejada?

O PIN pode ser importante aliado?

Você se percebe presente para o seu time? Eles percebem a sua presença? (Muitas vezes o meu não me percebe e eu preciso corrigir.)

O MIG pode ser uma ferramenta útil na sua gestão?

Reflita!

Celebre o que foi agregado a você! (Vou pegar o meu café aqui pra fazer um brinde contigo.)

Respire, relaxe e somente depois vire a página.

CAPÍTULO NOVE

CONVERTER CICLOS VITORIOSOS

Todo sucesso é fruto de ciclos que se conectam. Precisamos das pequenas vitórias para alcançar as grandes. Assim, abrir e fechar ciclos deve fazer parte dos hábitos essenciais da sua equipe, como já falamos. E, como todo hábito, necessita ser apoiado por rotinas. Nesse caso, a rotina da conversão, ou seja, de fechar um ciclo aberto de maneira estruturada para então conectá-lo a outro ciclo que se inicia.

Quando convertemos adequadamente um ciclo, ficamos mais fortes para a nova missão. Não se corre uma maratona sem antes percorrer um, três, cinco, dez ou vinte quilômetros. Cada um desses ciclos manifesta uma vitória que nos motiva a buscar a próxima fase. Enquanto avançamos cada etapa e aprendemos com ela, entendemos que podemos mais e, com esse impulso interior, convertemos novos ciclos, chegando ainda mais longe.

Você deve estar preparado para conduzir sua equipe a converter ciclos vencedores. Em cada tema da conversão, o líder desempenhará um papel importante, seja como orientador, suporte, gestor, motivador ou guia. Ele poderá, em alguns momentos, ser autocrático, como em situações de crise ou tensão, para trazer todos de volta à visão; ou democrático, ao envolver os componentes do time nos processos de decisão, fazendo-os se sentir participativos e, com isso, engajados. O líder-gestor pode optar pelo estilo afiliativo, que se preocupa com as pessoas, ou mesmo o estilo coach, que conduz para o futuro. A rotina da conversão ajuda você a perceber como usar todos esses "tacos", dos quais falamos anteriormente, de maneira adequada, conforme o cenário que se apresenta.

Para entender melhor, podemos criar uma analogia: nossa equipe disputará a Copa do Mundo. A missão é defender as cores do país com dignidade e tentar voltar com o troféu. Para isso, devemos definir os ciclos que nos levarão ao objetivo maior, desde o ciclo dos treinos físicos – que deve impulsionar os jogadores ao auge da preparação física, no período mais importante das disputas –, até o ciclo dos treinamentos táticos, a primeira partida, os jogos eliminatórios, a competição como um todo... Todos podem ser definidos como ciclos, que buscaremos converter e conectar.

Paralelamente, em uma corporação, temos metas anuais, semestrais, mensais ou mesmo diárias, que podemos definir como ciclos a serem convertidos. Também entregas específicas, como "fechar o balanço do mês" ou "a campanha de vendas do trimestre". Todos são ciclos que devem levar você a algum objetivo maior, definido anteriormente. Pensando assim, vamos seguir os passos que você deve conduzir para se sair bem nesse objetivo.

OS OITO PASSOS DA CONVERSÃO

A mente do líder-gestor deve funcionar de modo cíclico, assim, o Ciclo da Conversão é dividido em três fases, que atuam como uma espécie de PDCA[60] adaptado. Os oito passos estão divididos em três fases:

- **Fase 1**: alinhar, prover, enviar;
- **Fase 2**: medir, celebrar, ajustar;
- **Fase 3**: reconhecer e desafiar.

A fase 1 – **alinhar**, **prover** e, então, **enviar** à sua equipe, para estabelecer uma missão ou a continuação dela – é a preparação para a corrida.

Alinhar bem um ciclo antes de iniciá-lo é uma etapa que merece toda a atenção do líder. Muitos falham ao ignorar a importância dessa fase e tentam partir para a ação sem que a equipe esteja corretamente alinhada, achando que assim economizarão tempo. No entanto, se não houver clareza do alinhamento, além de erros se tornarem mais frequentes, a velocidade e a eficiência do time na missão serão bastante prejudicadas.

Vou compartilhar com você um caso que exemplifica isso. Em uma manhã nublada, as sirenes de incêndio tocaram em uma grande escola, gerando um tumulto inesperado. Alunos e funcionários saíram apressados e assustados enquanto outros corriam para os microfones para avisar que se tratava de um alarme para treinamento. Naquela altura, havia gente

---

60 Ciclo PDCA (do inglês, *plan, do, check, act* ou *adjust*) é um método de quatro passos usado como ferramenta de controle e garantia da qualidade de processos e produtos dentro de uma empresa. PDCA: a prática levando sua gestão à perfeição. **Endeavor Brasil**, 9 mar. 2021. Disponível em: https://endeavor.org.br/estrategia-e-gestao/pdca/. Acesso em: 10 dez. 2022.

CONVERTER CICLOS VITORIOSOS

chorando por todos os lados e os protestos dos pais se seguiram por dias. Uma tremenda dor de cabeça que poderia ter sido evitada.

Tudo começou com o novo coordenador de segurança, que chegara há pouco na instituição e precisava se destacar na nova função. A sua primeira iniciativa foi propor um amplo treinamento de incêndio, que envolveria centenas de alunos. Estabeleceu um plano, alinhou com recursos humanos, serviços, as equipes de segurança e o pedagógico. Foi estabelecido um calendário, dividido em diversos turnos, com os nomes das turmas que estariam em cada bloco de horas. Ele, porém, se esqueceu de envolver a comunicação, que poderia ter previsto alguns pontos frágeis nessa empreitada e divulgado a todos o treinamento a ser realizado. O resultado caótico foi fruto de uma falha de alinhamento.

Como eu disse ao falar do ecossistema instigante, você deve primeiro **alinhar a visão** ou reforçar a visão que você e a equipe estão perseguindo. Sempre que possível, conecte a visão a um porquê ou ao que buscam obter com ela. Exemplo de uma visão alinhada: "Estamos dando mais um passo rumo ao nosso objetivo de vender 2 mil toneladas por mês dentro dos próximos três anos, o que nos fará avançar do 6º para o 4º lugar entre os maiores do nosso setor. Esse será o nosso grande feito!" ou "Estamos aqui para ganhar a Copa do Mundo, que trará glória a cada um de nós!".

Para cada ciclo específico, você deve **alinhar o tamanho dele e um resultado desejado**. Por exemplo: "A nossa meta este mês será 1.100 toneladas!" ou "Venceremos pelo menos três dos quatro jogos dessa fase!". Para isso, é importante definir seus indicadores, ou seja, aquilo que será medido para conferir o resultado (nos exemplos, o volume de toneladas a serem vendidas ou o número de jogos vencidos).

É importante também **alinhar o como**, isto é, **a tática a ser utilizada**. Por exemplo: "Para chegarmos às 1.100 toneladas, ampliaremos os contatos com mercados menos atuantes, além de prospectar novos nichos de atuação comercial. Acionaremos os representantes para visitarem seus clientes e buscaremos atender os pedidos cada vez mais rápido e melhor". Ou "Seremos implacáveis na marcação, sólidos no meio de campo e usaremos as laterais para cruzar e aproveitar a altura dos nossos atacantes".

É essencial **alinhar ou reforçar o papel e a entrega de cada um nessa missão**: "O time do comercial reforçará esses contatos, com a parceria do atendimento, que fará a prospecção de clientes. O administrativo e a área de novos negócios farão o apoio a essas ações. A comunicação cuidará da atualização dos materiais comunicacionais. O time de eventos abrirá novas frentes para a participação em outros congressos, encontros e feiras estratégicas do setor. O financeiro e o marketing providenciarão um levantamento da concorrência para avaliar nossa competitividade no mercado e se podemos avançar em algum ponto". Ou ainda, "Neymar jogará, dessa vez, afunilando e sendo servido por Kaká. Romário pegará a sobra!" (no meu time dos sonhos).

Nesse momento, é importante permitir que os componentes do time participem das decisões táticas. Você pode abrir para sugestões, fazer perguntas, discutir ideias. Porém, no final, a decisão deve ser do líder-gestor, considerando as opiniões, mas estabelecendo o como e os papéis de maneira clara, alinhados com o que você entendeu ser o melhor caminho a ser seguido. Tentar um consenso é uma tarefa árdua que normalmente trava o processo.

Certa vez, foi criada uma célula de vendas em uma empresa atacadista para a missão de vender 80% do estoque de material com leves avarias. A intenção inicial dessa ação era deixar a empresa mais ágil e capaz de colocar o foco na sua venda normal. Seria uma grande contribuição para a organização, logo, um trabalho importante. Então, esta era **a visão da equipe**: "Desovar o estoque avariado para organizar a casa e, após isso, vender mais e melhor". Definiu-se um prazo de **dois meses para a tarefa**, a ser dividido em dois ciclos de trinta dias (tamanho do ciclo).

Então, cada um foi designado para o seu papel específico: uma equipe **para prospectar**, pesquisando e ligando para identificar possíveis clientes, fazer um primeiro contato e conduzi-los para uma equipe de quatro vendedores (entrega 1). Esses vendedores teriam o papel de **fechar os negócios** (entrega 2) e uma pessoa seria responsável por **acompanhar o fornecimento e monitorar o sucesso do cliente** (entrega 3), inspirado na estratégia de Receita previsível.[61]

---

61 ROSS, A; TYLER, M. **Receita previsível**: como implementar a metodologia revolucionária de vendas *outbound* que pode triplicar os resultados da sua empresa. São Paulo: Autêntica Business, 2020.

> QUANDO CONVERTEMOS ADEQUADAMENTE UM CICLO, FICAMOS MAIS FORTES PARA A NOVA MISSÃO.

UM TIME PRA CHAMAR DE SEU

O **objetivo** do prospector era atingir trezentos clientes qualificados, para o vendedor alcançar trinta clientes compradores, a fim de obter 94% de clientes satisfeitos e desovar 80% do material avariado no período (resultado desejado). Esses eram os principais indicadores a serem medidos.

Checaram o como: os **processos** envolvidos na missão, isto é, que sequência de ações, deveria conduzir o trabalho de prospecção. Qual tipo de mensagem seria a referência dos primeiros contatos, como se estabeleceria o processo de qualificação do cliente, de que maneira os clientes selecionados seriam informados para a equipe de vendas, como eles seriam distribuídos e como seria o pós-venda. Tudo alinhado.

Então, agora era preciso **prover** as pessoas de recursos para desempenhar bem o papel e alguns questionamentos podem ser usados para avaliar esse ponto: "O prospector tem uma ferramenta adequada para prospectar?", "Os vendedores possuem os recursos para fazer bem o seu trabalho?", "E o gestor de sucesso do cliente?".

Muitas vezes, o colaborador tem mais noção dos recursos que ele precisa do que o próprio líder-gestor. Assim, é muito importante dar a possibilidade de cada colaborador deixar claro de que precisa. Pergunte a eles: "Qual é o maior gargalo que você enxerga para cumprir sua tarefa?", "E que recurso poderia lhe ajudar a cumpri-la melhor?", "Existe alguma dúvida?".

O líder-gestor deve ter a sensibilidade de sondar e avaliar as melhores ferramentas disponíveis para oferecer ao seu liderado, assim como o recurso adequado de tempo, alinhados com a meta definida. E principalmente se colocar à disposição para prover, ao longo do ciclo, outras necessidades que forem observadas. Se você contratar alguém para cortar a grama do seu jardim, mesmo que essa pessoa seja bastante competente, a ferramenta que você proverá, ou seja, uma tesoura, um cortador manual ou elétrico, interferirá diretamente na entrega final. Logo, cobramos os resultados em função também das ferramentas que entregamos.

Após alinhar e prover, é o momento de **enviar** à equipe para iniciar o ciclo. É quando você expressa a sua confiança na capacidade dos seus liderados em cumprir a missão e depois se coloca à disposição para servir, dando todo o suporte necessário para o time. Nessa etapa, o líder-gestor

CONVERTER CICLOS VITORIOSOS

instiga a vitória, empodera as pessoas e reforça o sentimento de pertencimento para que todos se sintam acompanhados na missão.

Aqui, o líder entende o importante papel de delegar. Ele já alinhou, proveu e agora envia cada um para sua missão. Permite a autonomia e autoralidade de cada componente do time. Ao enviar, dê espaço, dê tempo e acompanhe de longe. A arte de delegar é fundamental para a qualidade de vida do líder e dos liderados.

Finalizada a fase 1, é hora de trabalhar na missão. A fase 2 está ligada a gerir a execução: **medir** os resultados obtidos dos indicadores, **celebrar** e **ajustar**.

Como todo gestor, você precisa saber o que **medir**. Os indicadores definidos previamente darão uma ideia geral se a coisa está indo bem ou não.

Em nosso exemplo, vamos comparar os resultados obtidos com as metas estabelecidas: do prospector, com trezentos clientes qualificados; do vendedor, com trinta clientes compradores; do percentual de clientes satisfeitos em relação ao marco de 94%; e do resultado de vendas com o objetivo de desovar 80% do material avariado. A partir daí, incentivamos, revemos recursos e tratamos gargalos ao longo do ciclo. Até que – pensando em um ciclo de sessenta dias, dividido em dois períodos menores de trinta dias – você poderá finalizar o primeiro ciclo. É hora de **celebrar**.

A celebração é um elemento extremamente importante, pois registra em nossa mente a percepção da vitória, ou de que o período vivido valeu a pena. E isso nos dá energia, nos motiva a perseguir a próxima vitória.

Sempre podemos celebrar. Até como um sinal de gratidão, independentemente de um resultado positivo. Em todo ciclo fechado temos ganhos. Serão vitórias, ou não vitórias, que se tornam aprendizados.

Após a celebração, é a hora de analisar os dados que foram medidos e, a partir deles, converter o ciclo, aplicando duas ações: **ajustar** e **reconhecer**.

Todo resultado será ajustado, seja uma vitória ou não. Se o ciclo anterior foi positivo, é claro que o novo dependerá de menos ajustes, mas, ainda assim, sempre há oportunidades de melhora. Podemos aperfeiçoar pedindo conselhos que tragam novos ganhos ao processo. Se o ciclo não aconteceu conforme o esperado, o importante é reconhecer a situação e todos assumirem a responsabilidade e buscarem corrigir a rota. Esses ajustes são discutidos com a equipe; é quando o líder-gestor, de maneira inteligente, pode instigar os liderados a identificar o que precisa ser revisto – "Onde poderíamos ter feito melhor?", "O que podemos fazer diferente para obter novos resultados no futuro?" – e, ao mesmo tempo, pontuar o que enxergou de errado.

Os ajustes podem ser comportamentais, de processos, das ferramentas necessárias, do tempo previsto ou até mesmo para rever o tamanho do desafio. Esse também é o momento adequado para analisar o nível de comprometimento dos membros do time. Aqueles que ficam na defensiva, se vitimizam, e aqueles que assumem o papel de atacantes e vão em busca de virar o jogo.

Cada um deve sair desse momento consciente do que foi pontuado e comprometido com as correções. Então, paralelamente, você terá a oportunidade de **reconhecer** o esforço coletivo e individual dos membros da sua equipe, no decorrer daquele ciclo. Como já disse, o reconhecimento – material ou subjetivo – é a moeda mais desejada por todos para compensar a dedicação.

Mesmo em casos de não vitória, há pessoas que merecem um reconhecimento pela performance individual. Se alguém cumpriu com distinção a própria missão e percebe que foi visto nesse esforço, repetirá a atuação novamente e, com a ajuda dos demais, obterá novas vitórias.

No livro *1501 maneiras de premiar seus colaboradores*,[62] o empresário e consultor Bob Nelson revela algumas conclusões sobre o reconhecimento, que está conectado ao desempenho de diferentes formas:

- Reconhecer os colaboradores, especialmente nas pequenas conquistas ao longo dos trabalhos, melhora o desempenho individual e gera motivação na equipe, além de facilitar a realização de projetos e aumentar a produtividade;
- É fundamental associar o reconhecimento a metas de desempenho, valores e comportamentos;

---

62 NELSON, B. *1501 maneiras de premiar seus colaboradores*. Rio de Janeiro: Sextante, 2014.

- O reconhecimento não financeiro por parte do gestor, logo após uma ação do colaborador, facilita o alcance dos resultados esperados. Palavras e ações sinceras (como pedir a opinião do colaborador ou inclui-lo em uma decisão) são mais impactantes que bônus ou presentes materiais;
- Segundo estudo do autor, 77,6% dos colaboradores das empresas pesquisadas disseram que era muito ou extremamente importante ser reconhecido pelo gerente quando realizavam um bom trabalho. E que a maioria dos colaboradores espera que o reconhecimento ocorra logo depois (52,9%), imediatamente (20%) ou em pouco tempo após o fato (18,8%).

No médio prazo, todos na equipe merecem ser reconhecidos, ou então não devem fazer parte dela. Manter um membro que não merece ser reconhecido é um erro. Pode acontecer em um espaço muito curto de tempo e não mais. Se notar no seu time uma pessoa que você se sente desconfortável em reconhecer, pode estar faltando em você um olhar mais profundo em relação a ela para perceber ou estimular suas potencialidades, ou então está realmente precisando demiti-la.

EM BUSCA DA MELHOR VERSÃO

Percebeu alguma semelhança com o momento individual com o gestor? Sim, o Ciclo da Conversão é uma ação macro e o MIG, uma ação micro que fortalece o macro no dia a dia, sem deixar espaço para desalinhamentos. Você reforça todos os pontos da rotina do Ciclo da Conversão nos MIGs. E, do mesmo modo que encerramos o MIG, criando ou reforçando juntos a visão de um novo ciclo, após ajustar e reconhecer, chega a hora de novamente **desafiar** a equipe a buscar novos resultados no ciclo que se inicia. É nesse momento que conectamos o ciclo anterior com o novo.

É bastante comum que, após o fechamento de um ciclo vitorioso seguido de um reconhecimento, exista uma acomodação momentânea. Então, a cada fechamento, é necessário gerar um desafio para o próximo ciclo. Os resultados obtidos precisam ser degustados, mas ficarão no passado. O mesmo deve acontecer com os erros também.

UM TIME PRA CHAMAR DE SEU

Agora, o olhar mira o futuro, estabelecendo novas metas e, com elas, novos desafios.

Retomamos então a questão da **visão**, que é também o primeiro elemento da etapa inicial de **alinhar** do próximo ciclo. Nesse momento, renovamos a visão de longo prazo e criamos a visão do próximo ciclo, que seguirá as mesmas etapas.

O objetivo, mais uma vez, é alcançar uma pequena vitória que fará parte de uma grande vitória. Ou seja, implantamos um círculo virtuoso, que gradativamente se fortalece, em busca da melhor versão. Assim, você **converteu** um ciclo e o **conectou** a outro.

É lógico que você nem sempre precisa se aprofundar em todas as etapas, mas deve tê-las na manga e escolher algumas. Na figura abaixo, há um resumo do Ciclo da Conversão para orientar o seu trabalho:

DESENVOLVIMENTO DO CICLO DA LIDERANÇA E DO CICLO DE CONVERSÃO

As rotinas de presença e conversão são o "feijão com arroz" do gestor. Elas se complementam com uma terceira rotina, que chamo de "as quatro lupas". É a rotina de evoluir o ecossistema. Ao olhar e analisar o ecossistema ativo da sua equipe, na perspectiva de cada uma

CONVERTER CICLOS VITORIOSOS

das quatro lupas, você encontrará sempre oportunidades de melhoria, que atuam de modo sistêmico. Quando você evolui um deles, todos são impactados positivamente. Se algum está prejudicado, todos serão impactados negativamente.

Nos próximos capítulos, vamos nos aprofundar no tema. Já pode ir tirando o pó das lupas que por ventura tiver. Está na hora de utilizá-las!

CAPÍTULO DEZ

AS QUATRO LUPAS

Quando o técnico Bernardo Rezende, o Bernardinho, chegou à Seleção Brasileira masculina de vôlei, logo definiu uma visão desafiadora de tornar a equipe a melhor do mundo. O Brasil figurava na 6ª posição do ranking mundial. E, passo a passo, de evolução em evolução, unindo disciplina e treinamento extremo a uma cultura de excelência, conquistou tudo o que era possível: 1ª posição do ranking, campeões mundiais e olímpicos. Uma incontestável história de sucesso.[63]

O técnico conta que se transformou em um provedor de zonas de "desconforto", chacoalhando o time para que seus componentes dessem sempre mais, ampliando progressivamente os próprios limites. Bernardinho é obcecado por evoluir. Evoluir também deve ser a palavra-mãe para líderes e seus liderados. Por esse motivo devemos agir de modo cíclico, usando as quatro lupas nos vínculos, nos ambientes, nos processos e nas competências da equipe.

E por que lupas? Bem, elas existem para que possamos enxergar os detalhes, ver aquilo que muitas vezes está nas entrelinhas ou oculto em situações que parecem estar bem, quando, na verdade, não é o caso.

A PRIMEIRA LUPA: AVALIANDO OS VÍNCULOS

Pergunte-se: *Há colaboração mútua no time?* Você percebe se uns se preocupam em agregar valor aos outros, no sentido de que juntos podem obter um bom resultado?

Certa vez, ouvi falar do termo *ubuntu*, que se aplica muito bem para entendermos até onde pode ir o compromisso mútuo de uma equipe. Para entender melhor isso, vou contar uma passagem muito interessante.

Após sair do Chicago Bulls para o Los Angeles Lakers, o já citado técnico Phil Jackson teve a sua fase vitoriosa interrompida por um fenômeno chamado Glenn "Doc" Rivers, outro técnico genial. O Boston Celtics, que estava havia anos sem um título da NBA, contratou Doc Rivers, na

---

[63] ESTABELECENDO a cultura da excelência | Bernardo Rezende | TEDxYouth@TBSRJ. Vídeo (18 min.). **TEDx Talks**, 23 jul. 2019. Disponível em: https://www.youtube.com/watch?v=j5e-56_Xo00. Acesso em: 10 dez. 2022.

esperança de reverter esse cenário, voltando aos seus tempos áureos. De início, isso não ocorreu e seus primeiros resultados o deixaram "por um fio", ameaçado de ser demitido.[64]

A verdade era que sua estratégia se baseava em um trabalho de construção de um grande time, em um processo de evolução contínua. Assim, com os esforços aplicados no tempo de cada um e no do grupo, os resultados começaram a aparecer. À medida que o time avançava, novos e excelentes jogadores se juntavam à equipe, levando qualidade para o grupo. E foi então que apareceu um novo desafio: essas estrelas individuais precisavam trabalhar bem em conjunto. Nesse ponto, Doc implantou o conceito de *ubuntu*.

O técnico acabara de conhecer essa filosofia africana que promove um conceito profundo de comprometimento mútuo, no qual todos se entendem como um, sentem as mesmas dores, partilham as mesmas emoções, se vinculam profundamente como pessoas e caminham unidos para um destino comum. Nessa filosofia, não há sentido no ganho individual se não for também coletivo.

A seriedade com que Doc incorporou essa filosofia no time envolveu o coração de todos e motivou o sacrifício pelo objetivo mútuo de vencer. A força da equipe se multiplicou de maneira inacreditável. O Celtics venceu a Conferência Leste da NBA e se classificou para a final. Ao ter de encarar o incrível Los Angeles Lakers, de Kobe Briant, liderado então por Phil Jackson, em 2008, um massacre parecia anunciado. E, de fato, um dos primeiros jogos mostrou a diferença técnica entre os dois: o Lakers abriu larga vantagem sobre o adversário e tudo parecia levar para um destino aparentemente determinado, ou seja, mais um título do Lakers.

No entanto, a união e a determinação do grupo, liderados pela confiança inabalável de Doc Rivers, começaram a mudar o desenrolar daquele embate. Com a filosofia implementada e internalizada na alma de cada jogador, todos multiplicaram suas virtudes compondo um único organismo. A sintonia entre eles criava uma ressonância tal que amplificava o

---

[64] THE PLAYBOOK: estratégias para vencer. Direção: Alexandria Stapleton, John Henion, Josh Greenbaum, Sarah Feeley. Estados Unidos: Netflix, 2020. Série documental (31-35 min., 5 episódios). Disponível em: https://www.netflix.com/br/title/81025735. Acesso em: 30 set. 2022.

potencial de cada indivíduo. E assim aconteceu uma das maiores viradas da história do basquete. O Boston Celtics derrotou o gigante Lakers e repetiu o feito nos jogos seguintes, até a conquista do campeonato.

Essa história nos ensina que, quando sua equipe se fortalece no comprometimento mútuo e na visão clara do objetivo, todos podem ir muito além do que imaginam. Como líder, você deve promover esses vínculos. Não é algo simples, mas é possível, à medida que o seu esforço se une aos hábitos e às rotinas que promovem o caminho. E há algumas dicas para lhe ajudar nessa missão.

ESTABELECENDO BONS ACORDOS DE CONVIVÊNCIA

Acordos de convivência são muito importantes, pois são definidos e revisados por todos. Neles deve constar o que não é aceito – como agressão física ou emocional – e também o que é desejável – e que reflete os ecossistemas seguro e acolhedor. Esses acordos são como uma espécie de contrato, que todos assinam e assumem o compromisso de respeitá-lo.

ENSINANDO A APRENDEREM UNS COM OS OUTROS

O surfe não era bem-visto pela sociedade em meados dos anos 1970, quando era dominado por "bad boys", que circulavam especialmente nas praias do Havaí, em um dos seus melhores picos, o Pipeline. Ninguém de fora conseguia surfar em Pipeline, pois os surfistas locais expulsavam quem não era dali. E como as etapas dos circuitos mundiais no Havaí eram as mais relevantes, o cenário internacional acabava agregando poucos nomes novos para os campeonatos. Até que a mãe de Benjamin Weatherley – ou Benji, como era conhecido – resolveu se mudar para lá.[65]

Benji era um surfista cheio de amigos e acolhia todo mundo onde morava. Aos poucos, sua casa se transformou em uma escola de grandes surfistas, pois conseguiam praticar naquelas águas, uma vez que eram

---

[65] MONDY, B. The House That Changed Surfing. **WSL – World Surf League**, 26 dez. 2018. Disponível em: https://www.worldsurfleague.com/posts/364568/the-pipe-house-that-changed-surfing. Acesso em: 28 set. 2022.

levados até as praias por um morador local. Sabendo disso, outros surfistas se aproximaram e também foram acolhidos. Juntos, começaram a instigar uns aos outros a se desafiarem e evoluírem cada vez mais!

Da casa de Benji[66] saíram os maiores nomes que dominaram o cenário mundial nos anos seguintes, como Kelly Slater e Rob Machado. Também surgiu dali um novo jeito de produzir vídeos de surfe que inspirou muitas gerações de surfistas no mundo todo e ajudou a popularizar o esporte. Especialistas em novas modalidades de surfe, como a de "ondas grandes", também saíram da casa de Benji.

Naquela casa, surgiu uma competência coletiva incrível, que se forma quando as pessoas instigam umas às outras a serem melhores, em uma disputa saudável que beneficia o grupo. Um lugar onde os vínculos são estabelecidos e fortificados, quando uns estão aprendendo com os outros.

Todos temos muito para ensinar e aprender. O processo de aprendizagem mútua estimula a percepção de agregar valor e reconhecimento. Um time excelente é feito de pessoas que encorajam o crescimento umas das outras. E há muitas ações que podemos promover para incentivar essa troca de saberes em conjunto. Uma ferramenta que uso regularmente chama-se **a partilha**.

A partilha funciona assim: quinzenalmente, a equipe se reúne e um dos membros conduz uma apresentação, de vinte a trinta minutos, na qual compartilhará com os demais um tema qualquer – não precisa ter ligação com o trabalho, bastando apenas que seja um assunto do qual a pessoa que conduzirá o encontro goste e que agregue valor ao grupo. A ideia não é mostrar que um sabe mais que o outro, mas deixar transparecer um pouco mais a individualidade de cada um.

Já tivemos de tudo, desde apresentações sobre o próprio surfe, vida sustentável, saúde, ginástica, receitas de gastronomia até grandes exposições sobre tópicos de liderança e desenvolvimento pessoal. Percebemos que o grupo se torna cada vez mais criativo à medida que os integrantes se sentem mais à vontade uns com os outros, já que as participações são

---

[66] MOMENTUM Generation. Direção: Jeff e Michael Zimbalist. Estados Unidos: All Rise Films, Priority Pictures, DDC International, Sundance Productions, 2018. Documentário (106 min.). Disponível em: https://www.youtube.com/watch?v=YB2VGlfddFU. Acesso em: 28 set. 2022.

realizadas em um sistema de rodízio. O líder-gestor também se beneficia, pois pode valorizar e reconhecer virtudes não percebidas anteriormente, além de possíveis competências e potencialidades a serem capacitadas de modo adequado, o que será útil na hora de reposicionar colaboradores e suprir ausências em funções específicas.

Algumas empresas adotam a **troca provisória de funções**, em que cada membro da equipe passa um tempo na função do outro, primeiro acompanhado e orientado, em seguida sozinho, somente solicitando ajuda quando necessário. À medida que conhecem melhor o trabalho um do outro, incluindo dificuldades e particularidades, tendem a respeitar mais a função do colega e promovem, assim, uma natural colaboração entre si.

É possível também ampliar essa ação para times. Patrícia, da área de apoio comercial, foi convidada para passar um tempo com o grupo de mercados especiais. Dias depois, ela manifestou em uma reunião que estava surpresa com a complexidade das tarefas que eram desempenhadas naquele setor e esse desconhecimento fazia que não valorizasse devidamente a equipe. A partir de então, Patrícia passou a colaborar mais nas entregas como cliente interno.

INCENTIVANDO ENCONTROS FORA DO TRABALHO

Certa vez, ouvi uma situação interessante: em um sábado, todos estavam apreensivos após um chamado para uma reunião extraordinária. Muitos tentaram identificar o que teria acontecido de errado para aquela convocação. Ao chegarem à casa do dono da empresa, o grupo se reuniu na sala, aguardando instruções. Esperava-se que, a seguir, fossem recebidos em outro cômodo da casa, de modo individual ou coletivo.

Alguns foram chamados poucos minutos depois. Os que ficaram aguardando não sabiam o que acontecia do outro lado da porta. Dois minutos depois, chegou a vez de mais um componente do time, que passou para o outro recinto e se deparou com algo inesperado: o CEO da empresa o esperava com um churrasco na piscina. Os colegas que haviam entrado antes já estavam vestindo uma camiseta produzida especialmente para a ocasião. O grupo passou uma manhã incrível juntos; todos saíram dali com vínculos renovados.

Em muitas empresas, são estimulados almoços com todo o time uma vez na semana. Há também aquelas que gostam de unir a equipe para torneios de esporte. De toda maneira, experiências de vida em comum – como um churrasco, um passeio ao zoológico, um curso de gastronomia, entre outros, fortalecem os vínculos e promovem o clima de colaboração.

DESPERTANDO A UNIÃO POR INTERESSES COMUNS

Ana, certa vez, sugeriu a formação de um grupo para uma ação social, que era a distribuição do "sopão" aos moradores de rua. Alguns membros de diversas equipes da empresa se uniram à iniciativa e, assim, formaram um novo time com um objetivo comum nobre, totalmente desvinculado da rotina de trabalho – embora também tenha contribuído para os vínculos dentro da empresa.

Em algumas organizações, há grupos que se reúnem para orar ou recitar a Bíblia, outros que se exercitam juntos. O Shiba, do China in Box, montou sua banda de rock, algumas equipes organizam corais, outros criam grupos de leitura e de poesias, ou até clubes de investimentos. Em todos os casos, é marcante o fortalecimento dos vínculos que se manifestam na empatia e no espírito de colaboração no dia a dia.

PROMOVENDO AÇÕES DE SINCRONIA

Se a sua equipe não está desenvolvendo bem o trabalho coletivo, você pode estimular outro tipo de atividade de maneira coordenada, criar sincronia e depois transferir esse sentimento para as tarefas profissionais. Quando as pessoas se percebem fazendo algo em conjunto com os outros, de maneira harmônica, elas passam a compreender que podem fazer mais coisas funcionarem.[67] A Mary Kay Cosmetics,[68] por exemplo,

---

67 MOVIMENTOS sincronizados podem levar as pessoas a fazer o que não querem. **Hypescience**. Disponível em: https://hypescience.com/movimentos-sincronizados-podem-levar-as-pessoas-a-fazer-o-que-nao-querem/amp/. Acesso em: 11 dez. 2022.

68 Empresa estadunidense de venda direta de cosméticos, fundada em 1963, nos Estados Unidos (Dallas, Texas), por Mary Kay Ash.

sempre deu grande valor a seus jingles, que são cantados pelas consultoras nos eventos e que geram sincronia – e, como veremos posteriormente, também conectam as pessoas emocionalmente à organização.[69,70]

Em meus treinamentos, costumo criar equipes com os alunos. Faz parte da dinâmica batizá-la com algum nome, e os estimulo a criar um grito de guerra. É muito interessante observar como o grupo entra em sincronia ao longo do tempo junto do grito de guerra. Uma coisa ajuda a outra.

COMPARTILHANDO VULNERABILIDADES

Muitas pessoas evitam a todo custo mostrar que são vulneráveis. Elas se resguardam em uma aura de infalibilidade achando que isso as protege. No entanto, no ambiente interno da equipe isso não deve ser incentivado, mas, sim, combatido. É saudável reconhecer nossos erros e ajustar a rota.

Pesquisas[71] indicam que as pessoas trabalham melhor em grupo, porém, tendem a apresentar desempenho menos favorável quando se sentem avaliadas pelos colegas de time. A verdade é que, ao tentarmos mostrar as nossas fortalezas para sermos avaliados de maneira positiva, acabamos gerando uma competição desnecessária, que corrói o senso de equipe no longo prazo. Em um ambiente no qual as vulnerabilidades são compartilhadas, é possível quebrar esse efeito. As pessoas se vinculam e trabalham de maneira mais colaborativa e respeitosa.

Há muitos anos, participei de um dos treinamentos da Amana-Key,[72] de Oscar Motomura. Primeiro, tínhamos que construir um ambiente colaborativo entre os alunos. Para isso, o facilitador do encontro propôs que cada um compartilhasse um momento inusitado que vivenciou.

---

69 PGDL - Leading Organizations and Change course. Emeritus Learning. Singapore and United States: Emeritus Institute of Management Inc., 2019. Disponível em: https://emeritus.org/. Acesso: em 28 set. 2022.

70 VENDO Beleza. Vídeo (2 min. 54 s.). **AndreLuide**, 11 abr. 2012. Disponível em: https://youtu.be/DlxykhnICw0. Acesso em: 11 dez. 2022.

71 BERGER, J. *op. cit.*

72 Consultoria de estratégia fundada na década de 1970, em Cotia, São Paulo.

Falei sobre uma experiência assustadora e rara que tive: eu estava dentro de um elevador com outras pessoas quando, após um estouro repentino, ele caiu abruptamente. Fui jogado ao chão de modo brusco e, por um momento, me perguntei se eu estava vivo, prensado embaixo de outras pessoas, no escuro, ouvindo o estalar das lâmpadas em curto-circuito.

Os outros participantes também contaram histórias que, de certo modo, os expunham. Essa atitude ajudou na conexão entre nós, mostrando a nossa vulnerabilidade.

Ser vulnerável não significa ser fraco. Ser vulnerável é ser consciente de que, para superar qualquer situação, muitas vezes é necessária a ajuda dos outros. É perceber que, em um time, quando colocamos a energia nos pontos fortes, os fracos serão minimizados e tendem a desaparecer. Isso fortalece o senso de equipe.

Quando alguém assume que não se sente totalmente capaz de lidar com uma demanda, o melhor caminho é pedir ajuda. E se mesmo assim não forem capazes de lidar com o desafio, que tenham a liberdade de acionar o líder, demonstrando responsabilidade ao não deixarem a tarefa sem solução.

A SEGUNDA LUPA: AVALIANDO OS AMBIENTES

Você deve se fazer a seguinte pergunta: *Os ambientes de trabalho promovem ou prejudicam a performance do time?*

Quando um time de futebol não vai bem no Campeonato Brasileiro, os torcedores são os primeiros a pedir que o técnico seja trocado. E, muitas vezes, quando outro técnico assume a equipe, surgem resultados positivos, o time passa a obter vitórias importantes. Isso não acontece só no mundo dos esportes. Um novo CEO, ao chegar a uma empresa com problemas, promove novos cenários de modo instantâneo.

Veja que são os mesmos jogadores, porém com resultados diferentes. A mudança para melhor tem a ver com o ambiente de trabalho, que se reflete na mentalidade do time. Os ambientes possuem uma influência muito grande no desempenho das pessoas.

Quando mudamos uma peça importante da equipe, há um impacto psicológico nos integrantes, o que influencia o ambiente. Essa mudança pode ser para melhor ou para pior. Geralmente, com a saída de alguém que exerça uma influência positiva de liderança – chefe ou não –, o ambiente de trabalho é prejudicado no curto prazo, surge uma sensação de que "nunca mais seremos os mesmos". É natural que o ambiente se torne duvidoso por algum tempo até se restabelecer, caso o dever de casa seja feito.

Da mesma maneira, quando sai um elemento tóxico do ambiente de trabalho, o impacto sobre as pessoas é rapidamente percebido. Profissionais tóxicos prejudicam profundamente o ambiente de trabalho e, ao serem substituídos, a mudança beneficia a todos.

Os ambientes de trabalho têm de refletir os ecossistemas que queremos manter. Assim, devemos nos perguntar: Os *ambientes de trabalho são seguros, acolhedores, respeitosos e valorizam a individualidade? Ou alguém, algum processo ou algum hábito prejudica essa percepção?*

Uma iniciativa que costumo sugerir é a definição do líder de clima operacional (LCO). O ideal é que seja combinado um rodízio em que, a cada mês, um membro da equipe assuma esse papel. Seu objetivo é ser os olhos do líder-gestor no meio da equipe, no que se refere a manter um clima saudável de convivência e trabalho, além de perceber se alguém em particular precisa de suporte. Como é um rodízio, essa iniciativa também contribui para desenvolver nas pessoas o olhar atento ao grupo e a cada componente dele. Com a sensibilidade aflorada pela função, os vínculos entre essa pessoa e os demais tendem a se fortalecer.

Questione-se também: **Os ambientes de trabalho são instigantes? As pessoas se sentem desafiadas e ao mesmo tempo reconhecidas neles? O que se espera delas está claro?**

As pessoas precisam reconhecer no ambiente de trabalho os indicadores que "dão um norte" sobre a performance desejada e alcançada. Isso pode ocorrer quando os resultados parciais dos objetivos estão expostos em quadros de gestão visíveis a todos, ou então indicadores de temperatura de metas ou similares, por exemplo. Tal iniciativa colabora no alinhamento das forças para a conquista das metas.

Há elementos que expressam a autoralidade dos seus membros? Como dissemos, as pessoas precisam se sentir parte de algo para se envolverem. Ao liderar um time, dando liberdade para que cada componente expresse as próprias virtudes e talentos, você possibilita que habilidades sejam desenvolvidas e aflorem. Do mesmo modo, isso pode estar aparente nos locais de trabalho, onde você vai encontrar a foto da família na mesa de um, o escudo do time na outra e inúmeros elementos que refletem a personalização daqueles nichos nos ambientes próprios. Cada um com seu toque pessoal.

Outra abordagem é: **Os ambientes de trabalho promovem a inovação? A gestão do erro é realizada?** John Maxwell cita uma pesquisa[73] que concluiu que o medo de errar nos leva ao erro. Ao estabelecer um ambiente que lida positivamente (ou proativamente) com o erro, o tornamos favorável para a excelência.

Mais uma pergunta: **Há elementos que promovam a boa comunicação?**

Comunicar vem do latim communicare e remete à ideia de tornar comum, partilhar.[74] Alguns recursos podem ser utilizados no sentido de facilitar essa troca de informações, seja de modo presencial ou virtual, nas múltiplas plataformas disponíveis. Grupos de e-mails, aplicativos ou elementos físicos que detalham os projetos ou as tarefas que estão sendo desenvolvidos podem auxiliar no compartilhamento de informações e no andamento dos trabalhos.

Muitas empresas estão investindo na arquitetura dos seus escritórios – áreas de descompressão e encontros, a retirada de paredes e a saudável mistura de equipes em um mesmo ambiente –, de modo a promover a troca de ideias. Ambientes criativos incentivam a interação, promovem as redes, unem e conectam as pessoas. Compreende-se que, para extrair o melhor das equipes, deve haver uma mistura de ambientes harmônicos e conflituosos. O ambiente de trabalho deve ter o foco em comunicar bem, trazer as pessoas para o conflito de ideias e, em seguida, para novas soluções que serão seguidas por todos.

---

[73] MAXWELL, J. **O sucesso está em você**: descubra seu propósito de vida, atinja seu potencial e realize seus sonhos. Rio de Janeiro: Vida Melhor, 2017.

[74] COMUNICAR. **Dicionário Etimológico**. Disponível em: https://www.dicionarioetimologico.com.br/comunicar/. Acesso em: 10 dez. 2022.

AS QUATRO LUPAS

Se o trabalho da equipe está no formato home office ou híbrido (presencial e on-line), o foco em uma comunicação de qualidade é ainda mais importante, pois os vínculos tendem a se enfraquecer caso não haja um contato regular para realinhar ideias. Há equipes que fazem até happy hour virtual, enviando kits de cerveja e salgadinhos para as casas de cada colaborador, assim como comemorações de aniversários e outras iniciativas. A barreira da distância não pode impedir uma equipe de construir um ambiente saudável de trabalho.

É importante também analisar: Há momentos de descontração?

Práticas como o yoga, o zazen[75] e o mindfulness podem ser replicadas em situações do dia a dia corporativo, pois acarretam muitos benefícios, como o estímulo ao foco, potencializando a resolução de problemas e o relaxamento. Várias empresas[76] já providenciam espaços de descontração cada vez mais sofisticados, pois compreendem a importância desses momentos antes e depois de jornadas estressantes. A ideia é trocar o horário de trabalho por horário de vivências no trabalho.

Finalmente, analise: **Os ambientes de trabalho possuem elementos visíveis que estimulam as pessoas a se tornarem missionárias da proposta? Há componentes, sinais ou símbolos que reforçam o propósito do time e da organização?**

Os ambientes devem promover a bandeira da organização, reforçando e alinhando propósitos, como veremos ao falar de "formar missionários". E isso se estimula com elementos espalhados que vinculam as pessoas à proposta, à marca, à visão da empresa.

---

75 Prática zen-budista, que ganhou notoriedade no Brasil pelos ensinamentos da Monja Coen. VOLTAMOS com o Zazen de Iniciantes presencial e híbrido. **Zendo Brasil**. Disponível em: https://www.zendobrasil.org.br/zazen-para-iniciantes/. Acesso em: 10 dez. 2022.

76 UMA introdução a ioga e meditação na gestão das empresas. **Revista Exame**, 23 nov. 2016. Disponível em: https://exame.com/colunistas/gestao-fora-da-caixa/uma-introducao-a-ioga-e-meditacao-na-gestao-das-empresas. Acesso em: 12 out. 2022.

SER VULNERÁVEL NÃO SIGNIFICA SER FRACO. SER VULNERÁVEL É SER CONSCIENTE DE QUE, PARA SUPERAR QUALQUER SITUAÇÃO, MUITAS VEZES É NECESSÁRIA A AJUDA DOS OUTROS.

A TERCEIRA LUPA: AVALIANDO OS PROCESSOS

Chegou o momento ideal para compartilhar uma das coisas que dizem que faço muito bem: caipirosca! Segue a receita desta maravilha:

- Separe um copo, dois limões, açúcar, vodca, gelo, uma faca de ponta, uma colher e um amassador de limão ou um pilão;
- Corte cada limão em quatro partes;
- Junte seis pedaços de limão e coloque-os no copo;
- Adicione duas colheres de açúcar;
- Amasse os limões com o açúcar, usando o amassador ou o pilão, até soltar bem o suco e formar uma pasta;
- Reúna o gelo e quebre em pequenos pedaços;
- Coloque o gelo em cima dos limões amassados até quase encher o copo;
- Adicione vodca por cima do gelo, fazendo que derreta, durante três a quatro segundos. Regule o fluxo da boca da garrafa com o dedo polegar para evitar o excesso;
- Com a colher, comece a mexer pelas bordas do copo, girando todo o conteúdo até derreter o gelo, que vai se misturando com a vodca;
- Leve o copo à boca e desfrute. Fica delicioso!

Isso é um processo, com uma sequência de procedimentos. Nesse caso, para fazer um drinque que irá apresentar sempre um padrão de sabor (aliás, sugiro experimentar essa versão).

Da mesma maneira, os processos são necessários para padronizar o resultado esperado nas atividades da organização. Mesmo com uma equipe altamente vinculada, trabalhando em um ótimo ambiente, os resultados dificilmente serão obtidos sem bons processos. Logo, aqui está o foco da nossa terceira lupa.

A pergunta que você deve aplicar nessa etapa é: **Os processos facilitam ou engessam o andamento do trabalho?**

Certa vez, me chamou bastante atenção o atendimento que recebi em uma conhecida rede de eletroeletrônicos em São Paulo. Não havia ninguém por perto quando entrei e escolhi um produto. O preço não estava claro na etiqueta nem no local onde o objeto estava exposto. Então, chamei uma pessoa para me ajudar.

"Boa tarde, senhor!", me saudou uma cordial vendedora. Ela não soube informar o preço, pediu um tempo para checar no sistema. Após uns dez minutos, recebi a informação. Só que, enquanto esperava, acabei me interessando por outro produto. E tive de esperar novamente o mesmo procedimento. Tendo escolhido os dois itens, o pedido foi lançado em um sistema cheio de códigos, com a ajuda de uma segunda pessoa, que estava sentada no terminal. "Boa tarde, senhor", disse a pessoa, sorridente, enquanto eu aguardava.

Ao terminar, fui encaminhado ao balcão para pagar. Esse balcão ficava a apenas dois metros, mas fui atendido por uma terceira pessoa. "Boa tarde, senhor", disse, também sorridente. Após o pagamento, ela me encaminhou para uma quarta pessoa, um rapaz que me falou: "Boa tarde, senhor" (eu queria mesmo era já ter saído de lá). E continuou: "Já vou separar o seu pedido".

E lá se foram mais dez minutos, até finalmente receber meus produtos e sair da loja. Lá fora, já era boa-noite. Nos dias seguintes, recebi por e-mail uma pesquisa de satisfação. Eu não estava satisfeito, sinceramente. A meu ver, tratava-se de pessoas cordiais treinadas para cumprir procedimentos absurdos, dentro de um processo ineficiente.

Não dá para fazer mágica. Não há como obter performance dessa equipe sem melhorar o processo como um todo. Assim, muitas empresas trabalham sem definir bem seus processos, ou então estabelecem processos complexos que não são bem entendidos pelas equipes, até que de repente alguém começa uma cobrança pela falta de resultados, responsabilizando um ou mais colaboradores. O que acontece, então? A quebra de vínculos sem a solução do problema.

Certa vez, fui procurado por uma proprietária de restaurantes que me pediu para avaliar a sua equipe de atendimento. A queixa era de que as pessoas não se interessavam o bastante em receber bem o cliente. No diagnóstico, pude observar que, primeiro, os vínculos entre a equipe e a organização eram frágeis, a cobrança era demasiada e não existia um processo claro para o atendimento. Nenhum dos atendentes sabia definir qual era o passo a passo da recepção do cliente, desde a entrada dele no estabelecimento até a elaboração do pedido.

Criamos, então, um modelo de check-in, que passou a orientar a maneira adequada de receber o cliente na porta, conduzi-lo até a mesa, deixá-lo confortável, direcionar a abordagem do garçom, sua mensagem inicial, a cortesia de boas-vindas e a deixa para o pedido. Os passos foram listados, a equipe treinada e, a partir daí, cada um seguiu o processo, dando um toque próprio de acordo com sua personalidade – a devida autoralidade. Qualquer novo cliente que chegasse deveria passar por todas as etapas do processo de check-in.

Essa ação mudou por completo a percepção dos clientes e a motivação da equipe, que agora sabia exatamente como agir, o que deveria entregar. O processo foi gradativamente aperfeiçoado com as experiências individuais, que colaboraram para obter um fluxo respeitado por todos, gerando também uma disputa interna saudável pelo melhor atendimento. A mudança aumentou sensivelmente a ocupação das mesas do restaurante e ajudou na obtenção de um novo ecossistema. Lógico que ali seriam necessárias mais ações, porém, aquela única alteração no processo influenciou de forma positiva os demais elementos e já transformou esse ambiente e seus componentes estruturais.

Então, antes de culpar alguém, é necessário avaliar se o processo como um todo ajuda ou engessa os resultados. Tenha em mente que os seus processos, além de **úteis**, precisam estar **adaptados à realidade**, devem ser **claros** e **simples**.

Voltando ao exemplo da loja de eletroeletrônicos, vamos comparar com o processo de compra em uma loja da Apple: ao escolher determinado produto e ser encaminhado para um vendedor, ele apenas confere se é aquilo que você realmente quer, o modelo e a cor, pergunta se o cliente deseja algo mais, escaneia o código do produto em um celular, solicita o cartão de crédito e lança a compra no mesmo celular, pergunta como você quer a nota fiscal e quais são dados para emissão (que são lançados no mesmo celular). Tudo isso enquanto o produto com as especificações escolhidas está chegando pelas mãos de outra pessoa. Você nem sai do lugar e é atendido por uma pessoa durante toda a experiência. Não é difícil ser bem atendido se o processo é simples e bem desenhado (e minimamente informatizado).

Outra característica importante para os processos é que sejam **bem disseminados**. As pessoas precisam ser bem treinadas neles e devem ter a liberdade de manifestar dúvidas para seguirem adequadamente o roteiro preestabelecido.

Na Disney, por exemplo, todas as pessoas que vestem a fantasia do Mickey passam por um intenso treinamento que ensina cada passo de um processo maior, que é "comportar-se como o Mickey".[77] Não tem sentido cada Mickey se comportar diferente dos outros, logo, esse "manual" precisa ser muito bem disseminado. E o mesmo deve ocorrer se você quiser um padrão de serviço no seu time ou em qualquer organização.

Ao mesmo tempo, processos são como nossas despesas domésticas. Assim como os custos em uma empresa, muitos deles são quase invisíveis e vão se tornar maiores sem você notar, então precisam ser monitorados, cortados, revistos, destruídos e reconstruídos buscando simplicidade e objetividade. Em seguida, os novos processos devem ser bem disseminados e, de tempos em tempos, tudo precisa ser checado novamente. É, então, mais um processo cíclico.

O grande obstáculo para se eliminar ou simplificar processos é que normalmente eles são baseados na desconfiança. Eles são criados na necessidade de validação e revalidação para que ninguém faça algo errado, o que deixa o caminho longo e moroso. Na contramão disso, a gestão ágil, tão necessária nos tempos atuais e futuros, se baseia na confiança. Ela precisa ser desenvolvida na equipe e tudo o que dissemos até então tem esse objetivo. O líder é o grande arquiteto dessa confiança.

Se você agir assim, se beneficiará ainda mais do quarto elemento. Pegue sua lupa e prepare-se para um impulso.

A QUARTA LUPA: O EFEITO CATAPULTA

A pergunta que você deve aplicar neste tópico é: **As competências individuais e coletivas do meu time estão bem desenvolvidas?**

---

[77] EFEITO Disney Liderança: curso ao vivo e online. **Alexandre Espindola**. Disponível em: https://www.alexandreespindola.com.br/efeitodisneyaovivo. Acesso em: 10 jan. 2023.

AS QUATRO LUPAS

Você deve estar ouvindo, há muito tempo, que o maior ativo das empresas são as pessoas. Na verdade, penso que o maior ativo são as competências das pessoas. Somos dotados, cada um de nós, de competências adquiridas ao longo da vida, que são adaptadas às nossas tarefas. Algumas dessas competências são aproveitadas para determinadas tarefas, e outras não. Nesse caso, elas se tornam habilidades que ajudam o resultado do time.

Desenvolver novas competências que promovam uma melhor performance nas nossas missões é o caminho certo para as vitórias. Ao mesmo tempo, entender as nossas limitações (ou melhor, as nossas condições em determinado momento) e complementá-las com as virtudes dos outros é uma ação de sabedoria.

A verdade é que você e a organização têm duas opções: podem procurar pessoas caras e muito competentes no mercado ou desenvolver competências do seu pessoal – o que é ainda melhor, quando feito de maneira consciente e estruturada.

Daqui para frente, os cenários mudarão cada vez mais rápido e a atualização de competências será cada vez mais importante, desafio que deve se atribuir também às empresas. O colaborador competente que você contratou não será mais competente se você não continuar investindo na atualização de competências dele. A educação executiva certamente será uma arma de diferenciação neste século.

Ao desenvolver as competências individuais e coletivas do time de maneira cíclica, criamos um "efeito catapulta", que arremessa o líder-gestor e o time para um próximo nível. De nível em nível, buscamos a excelência e os resultados ganham um fermento. Para desenvolvê-las, porém, é importante entender que competências podem ser trabalhadas – não é um dom com o qual nascemos e pronto.

Geralmente, observamos as competências técnicas, que são importantes: uma analista que necessita produzir planilhas de análise gerencial desenvolverá seu trabalho com muito mais eficiência, e em menos tempo, à medida que entender melhor os atalhos de algumas ferramentas, como Excel ou Power BI. Um profissional de vendas que passe por um treinamento de negociação, persuasão e influência com certeza ampliará suas taxas de conversão.

No entanto, no mundo atual, são igualmente ou mais importantes as competências emocionais e comportamentais. Elas não são tão óbvias, mas precisam ser desenvolvidas, com certeza. São as chamadas *soft skills*, competências individuais que diferem as pessoas, capacitando-as para lidar com situações que exigem flexibilidade, adaptação, resiliência e iniciativa. Essas são habilidades muito necessárias diante de cenários imprevisíveis, como os que as organizações enfrentam diariamente. Por esse motivo, destacarei aquelas que considero mais relevantes.

UMA MENTE FORTE: INTELIGÊNCIA EMOCIONAL

O ponto de partida das *soft skills* está em uma "mente forte", fruto de uma inteligência emocional bem desenvolvida.

Pesquisas[78] mostram que o cérebro evolui de modo semelhante a um músculo, fortalecendo-se à medida que é estimulado. Isso abriu espaço para um novo e poderoso mercado do desenvolvimento humano: a inteligência emocional e o desenvolvimento mental, características essenciais em membros de uma equipe de alto desempenho.

Quando as pessoas reconhecem suas limitações emocionais e aprendem a lidar com elas, têm um grande ganho pessoal. Tal atitude promove ampla mudança ao redor delas, à medida que interagem de maneira positiva com todos, promovendo vínculos e ambientes melhores. No ciclo, todos são beneficiados. Milhares de empresas testemunharam avanços na performance dos seus times simplesmente investindo na condição emocional dos membros.

ATITUDE LÍDER

Uma equipe deve sempre ser formada de vários líderes espalhados em todos os níveis, independentemente de posição no organograma. Ter uma atitude líder é se perceber como um protagonista, alguém que exerce o

---

[78] RELVAS, M. A neuroplasticidade não é a mesma do início de nossa evolução. **Sinapsys**, 16 jun. 2021. Disponível em: https://sinapsys.news/a-neuroplasticidade-nao-e-a-mesma-do-inicio-de-nossa-evolucao/. Acesso em: 28 set. 2022.

seu papel ao lidar proativamente com outros protagonistas, promovendo o trabalho em equipe. Atitude líder nos transforma em locomotivas, ao mesmo tempo que sabemos ser vagões.

Neste momento, precisamos de mais locomotivas do que vagões. O indivíduo se compreende autorresponsável. Ele não espera. Ele age e se preocupa em influenciar positivamente a equipe. Proatividade, percepção do outro, compreensão dos aspectos que precisam ser preservados nos ecossistemas, busca por resultados e entendimento da importância do seu papel para cumpri-lo são características que definem uma atitude líder. Uma pesquisa da PUC-Campinas[79] aponta que honestidade, compreensão, objetividade, criatividade, flexibilidade e segurança também são fundamentais. Todas essas qualidades podem estar disseminadas na equipe por meio da atitude líder.

Costumo sugerir que em toda equipe exista o líder rotativo e, como já dito, o LCO. As duas funções também podem ser desempenhadas pela mesma pessoa, se assim o time preferir.

O líder rotativo é aquele membro que assumirá, por um prazo definido, o papel de ser o ponto focal entre a equipe e as lideranças. Durante esse período, essa pessoa atua com o objetivo de reforçar a comunicação no grupo. Ela deve compreender se as mensagens entre gestor e liderados estão de acordo com o desejado. Esse líder também deve enxergar o que talvez não esteja fluindo bem, ou mesmo travado em algum ponto, e levar a questão para você, líder-gestor, ajudar a resolver.

O líder rotativo ajuda a implantar e a acompanhar o PIN em vigor no dia a dia. E, assumindo o papel de LCO, ajudará a perceber o clima operacional e se alguém ou algum grupo precisa de uma intervenção para melhorar esse clima. Ele se torna um grande parceiro, vive o papel de líder e, ao mesmo tempo, receberá uma atenção especial.

Quando as pessoas passam pela experiência de liderança, estão mais dispostas a colaborar e compreendem a importância de contribuir com o líder em vigor, fortalecendo a atitude líder.

---

79 NADER, S. M. **Perfil criativo no empreendedorismo social**. Dissertação (Mestrado em Psicologia como Profissão e Ciência) - Pontifícia Universidade Católica de Campinas, Campinas, 2018.

NEGOCIAÇÃO E SOLUÇÃO DE CONFLITOS

Negociar é algo inerente à vida, e bons negociadores transformam conflitos em soluções. Em equipes, conflitos são inevitáveis – na verdade, são até desejáveis, especialmente o conflito de ideias, que enriquecem as decisões –, mas os confrontos, não. Estes devem ser evitados e a análise do clima pode ajudar nesse sentido. E é em uma equipe composta de "negociadores" que isso funciona melhor.

O negociador tem uma mentalidade voltada para a solução. Sua expertise é combater o problema sem atacar as pessoas, com foco em encontrar saídas que atendam às suas necessidades, mas que também agreguem valor ao outro lado. Sem isso, as questões que geram conflitos ficam travadas. A maioria dos problemas enfrentados nas equipes estão ligados a posições inflexíveis diante de diferentes pontos de vista, o que impede a pessoa de alcançar uma solução possível e negociada.

Para entender melhor essa dinâmica, apresento a fábula de um pai, um bolo e três filhos, que criei em um dos meus cursos. Na história, o pai queria dividir um bolo entre seus filhos e cada um se achava mais merecedor que o outro. O mais velho se achava merecedor da maior parte pela sua primazia; o mais novo, pela sua adoração e disposição de comer bolo; e o do meio, apenas por ser filho e entender que tem os mesmos direitos que os demais. Iniciou-se, então, um conflito, que estava prestes a se tornar um confronto.

Felizmente, o pai, um negociador nato, faz uma proposta aos filhos, compreendendo as intenções que estavam por trás da disputa. O mais velho queria ser valorizado, o do meio queria se sentir com os mesmos direitos e o mais novo, sim, queria comer o máximo que pudesse. Então, o pai iniciou a divisão usando uma estratégia poderosa chamada "acordo pré-acordo". Ele entendeu que um acordo precisa ser feito antes, para que o acordo final seja possível.

"Queremos chegar a um acordo?", perguntou o pai aos três filhos. Mesmo observando os naturais resmungos, ele insistiu até receber um "sim". Isso é importante, pois gera um gatilho de coerência que favorece o fluxo das decisões seguintes. Então, ele propôs: "Comeremos o bolo inteiro agora. Dividiremos em doze pedaços iguais, e cada um pegará um pedaço por vez. Comerá primeiro o mais velho, que tem a primazia, em seguida os demais, até que se acabe. O que não for consumido será meu. Farei da minha parte o que eu quiser. Estamos acordados assim?".

Todos aceitaram, pois as intenções de cada um estavam razoavelmente atendidas. Assim, comeram a primeira rodada, uma fatia para cada um. Comeram o mesmo na segunda rodada e, na terceira, o irmão do meio já não queria mais. Na quarta, o mais velho também rejeitou. O mais novo comeu todas as suas e ainda sobraram três pedaços. Feito isso, os irmãos mais velhos, devidamente satisfeitos, saíram para outras atividades e o pai ainda ofereceu seus três pedaços ao mais novo, que aceitou um deles. Todos felizes, o pai ainda ficou com dois pedaços. O negociador trouxe uma solução voltada para atender as intenções, e não as posições.

A discussão deve ser baseada em argumentos sólidos. Todos trazem argumentos que defendem as próprias ideias e respeitam as razões dos outros, mesmo sem concordar com eles. Então, todos se propõem a negociar em vez de disputar.

A mentalidade negocial compreende que sempre devemos nos entender no mesmo lado, em busca de uma solução sensata. Buscamos convergências, e não divergências. Um exemplo disso ocorreu certa vez, quando me vi em uma ampla sala de reuniões, sentado em uma das infinitas cadeiras, para negociar uma dívida com uma competente equipe da Samsung. Vivíamos a crise de 2014, e essa dívida se tornou impagável no curto prazo. Foi importante entender que ambas as empresas (fornecedora e cliente) foram atingidas pelo mesmo "tsunami". Era necessário nos colocarmos do mesmo lado da mesa para facilitarmos a negociação. Afinal, ambas eram vítimas de uma situação gerada pelo ambiente macroeconômico, e a única maneira de sairmos vivos dela era colaborando um com o outro. Assim, achamos um caminho.

RESPONSABILIZAÇÃO PELO CLIENTE

Toda equipe possui clientes internos e externos que precisam estar no centro das decisões. É a percepção da satisfação do cliente que gera um grande propulsor de colaboração, uma vez que há o propósito real de satisfazê-lo. As equipes não vivem em torno de si mesmas, mas existem para entregar algo a alguém. Essa **responsabilização pelo cliente** é essencial.

O professor Alexandre Espindola,[80] especialista no modelo Disney de excelência, citou certa vez o compromisso de cada membro da equipe Disney com a satisfação do cliente e em estar representando, como o próprio dono, a empresa. Um exemplo disso é observar que, se cair um lixo no chão e um gerente estiver passando ao lado, ele mesmo fará a coleta, sem esperar por um funcionário da limpeza. Se um garoto deixa cair o seu sorvete que acabou de receber, o colaborador responsável pelo sorvete tem a iniciativa de substituí-lo, comprometido com a experiência do cliente. Essa responsabilização é inerente ao colaborador, assim como à empresa. Por esse motivo, ela tende a ser excelente.

DESENVOLVENDO COMPETÊNCIAS COLETIVAS

Tenha em mente que o desenvolvimento dessas (e de outras) soft skills só multiplicará ganhos consistentes quando, além das competências individuais, forem construídas competências coletivas que transformem uma equipe ordinária em um time excelente, pois nem sempre um conjunto de pessoas muito competentes formam um time competente. Sua equipe é formada pela soma dos talentos, nos lugares certos, bem orientados e comprometidos. Com bons hábitos, bons processos e competências coletivas cada vez melhores.

O Corinthians, por exemplo, foi campeão mundial de clubes em 2012 com um time sem estrelas, mas que construiu, sob a liderança do técnico Tite, uma grande competência coletiva. Tal atributo se demonstrou ainda mais importante que os aspectos individuais. E é o mesmo que você deve buscar desenvolver na sua equipe, sempre.

É lógico que as primeiras conclusões são reflexos das competências individuais que acabei de citar. Além disso, consideremos as competências obtidas pelos bons hábitos, também já discutidos, que você promove todos os dias: a competência coletiva que vem do hábito de semear sempre, independentemente dos frutos imediatos obtidos; o hábito da

---

80 COMO encantar clientes com o método Disney - Live com Alexandre Espíndola. Vídeo (53 min. 29 s.). **Golfran Oficial**, 29 set. 2020. Disponível em: https://www.youtube.com/watch?v=N0UWZAAs0t4. Acesso em: 29 set. 2022.

comunicação transparente; da comunicação eficiente; o de melhorar continuamente; o de abrir e fechar ciclos e o de construir hábitos. A soma disso tudo se torna uma competência coletiva poderosa.

Junte a isso mais duas competências e você terá realmente times de alto valor. Sim, voltaremos à nossa pirâmide, pois suas equipes precisam ser **resilientes** e **missionárias**.

Resilientes, pois toda equipe lidará com frustrações, pressões, estresse, problemas e ciclos não vencedores, mas as que aprenderem a manejar essas adversidades são as que se adaptarão melhor e que prevalecerão diante do caos. Nesses momentos, as pessoas devem se unir em vez de buscar culpados. Devem manter o foco na visão, abraçar as pequenas vitórias que renovam a esperança e abrir o espectro de soluções, olhando para frente e aprendendo com os insucessos. O objetivo é se manter equilibrado diante de qualquer desafio. Há solução para tudo, é só procurar e ter flexibilidade para aprender e compartilhar saberes.

É essencial ter resiliência inclusive em situações de sucesso, que podem ser sabotadoras caso o time não saiba lidar com a vaidade nos momentos de vitória. Ter a humildade de perceber que novos resultados serão frutos dos esforços constantes deve permear sempre o espírito da equipe. Os insucessos ou os êxitos não devem sabotar o trabalho sério e o comprometimento de todos os dias.

Por fim, a competência missionária muda tudo. Essa atribuição – que se instaura quando o seu time está envolvido emocionalmente com a proposta da organização e com você, como representante dessa proposta no dia a dia – é o objetivo de toda equipe que quer chegar à excelência. É por esse comprometimento que os colaboradores estão dispostos a oferecer muito mais do que é solicitado. Ela é obtida por meio da face missionária do seu ecossistema desejado. Esse é o topo da pirâmide, a milha extra do sucesso. Tão importante que merece um capítulo especial para falarmos sobre ela.

CAPÍTULO ONZE

A MILHA EXTRA: FORMAR MISSIONÁRIOS

Christian Barbosa, um dos principais nomes da produtividade no país, tem uma ligação extremamente forte com a Microsoft, empresa que lhe deu a primeira oportunidade de trabalho quando ele nem havia completado 16 anos. Em todas as suas palestras, ele deixa clara a sua predileção pela marca e, mais que isso, a defende ferozmente diante da comparação com as concorrentes, mesmo não sendo mais colaborador dessa empresa há muitos anos.[81] Christian desenvolveu um vínculo emocional com a organização, uma conexão que está presente até hoje. Ele não somente fez parte do time Microsoft: essa vivência ficou tatuada na sua alma. Ele se tornou cliente e promotor da marca de maneira gratuita.

Você gostaria de ter colaboradores assim? Aposto que sim.

Lembra-se da agonia (que durou oito anos) do Fortaleza na série C do Campeonato Brasileiro? O Fortaleza ia bem, mas, nos jogos decisivos, no final do segundo tempo, o adversário fazia um gol e o ponto de virada era adiado para o ano seguinte, fazendo que tudo voltasse à estaca zero. Os rivais locais, torcedores do Ceará, aproveitavam para tripudiar pelas semanas seguintes. Mas, mesmo diante desse quadro vexatório, quantos torcedores do Fortaleza passaram a torcer para o time concorrente? Eu não conheço nenhum caso. Mesmo que tenha acontecido, certamente foi uma exceção. Os torcedores se mantiveram fiéis ao time, inclusive contribuindo com aquisições de produtos da marca. Eles são, na verdade, missionários do time.

É o sonho de toda organização ser capaz de manter a fidelidade dos seus colaboradores e clientes mesmo diante de tempos difíceis, frustrações e sacrifícios recorrentes. E mais: que eles apoiem voluntariamente a marca. Mas o que faz que seus colaboradores ajam assim? Uma conexão emocional e um gatilho de coerência. E o seu papel de líder-gestor deve ser formar missionários, envolvidos emocionalmente com a proposta da organização.

---

81 SOU fiel à Microsoft e odeio a Apple - Christian Barbosa. Vídeo (4 min. 28 s.). **Cortes do TalksbyLeo**, 6 mar. 2021. Disponível em: https://www.youtube.com/watch?v=blrz_Db721E&ab_channel=CortesdoTalksbyLeo. Acesso em: 10 jan. 2023.

O ecossistema missionário provocará movimento em toda a estrutura e impulsionará os efeitos de todos os outros ecossistemas, ampliando resultados. Quando uma empresa desenvolve os aspectos desse ecossistema, é possível construir ou fortalecer mais facilmente os outros níveis da pirâmide organizacional. E o fluxo contrário também se intensifica. Dessa maneira, você obtém definitivamente a máquina de engajamento que estabilizará o equilíbrio dos sistemas. Isso quer dizer que: conforme as pessoas se sentem respeitadas, acolhidas e cuidadas, instigadas como profissionais, realmente vistas e reconhecidas, elas se envolvem emocionalmente. Mas, além disso, o ecossistema missionário inclui novos elementos que devemos ajudar a desenvolver em nosso time.

SIGNIFICADO E PROPÓSITO

Simon Sinek[82] chama a atenção para o fato de sermos movidos pelo porquê das coisas, em vez de pelo "o quê". "Pessoas compram o porquê", diz ele. Um significado faz que as pessoas se associem à proposta. Um exemplo que ele dá é o dos "evangelistas" da Apple: mais do que comprar produtos e serviços de qualidade, as pessoas inconscientemente querem fazer parte daquele grupo que "pensa diferente". Elas encontram **significado** nesse porquê. Os colaboradores também se orgulham de fazer parte de uma empresa que tem a proposta de oferecer novas soluções que ajudam as pessoas.

Significado tem a ver com propósito, o que é um tema bem subjetivo. Propósito não é algo fixo; é algo que reflete um momento da nossa vida. Muita gente sem propósito encontra um após ter filhos, pois querem crescer (financeiramente, profissionalmente etc.) para oferecer algo melhor para eles, por exemplo.

Propósito não tem a ver com dinheiro. Há quem, ao conquistar tudo, perde o propósito. É o caso de muitos milionários. A saída para eles talvez seja assumir o propósito de outros, ou seja, se engajar com o propósito

---

[82] SINEK, S. **Comece pelo porquê**: como grandes líderes inspiram pessoas e equipes a agir. Rio de Janeiro: Sextante, 2018.

de outras pessoas, grupos ou movimentos e empresas. É o caso de Bill Gates, por exemplo, e sua Fundação Bill e Melinda Gates, que desenvolve projetos grandiosos no mundo todo para melhorar a saúde de pessoas que eles nem conhecem, mas compreendem que desejam (e precisam) viver melhor.

O propósito da Disney é "fazer as pessoas felizes". O propósito da Aço Cearense é o de "contribuir para o desenvolvimento do país, ajudando no crescimento dos nossos clientes". O da Vox Líderes (minha consultoria de treinamentos) é o de "construir um mundo melhor, formando líderes melhores". Geralmente, essa importante definição vem com a **visão** da organização, ao lado dos **valores** e da **missão**. Mas qual é o propósito que os membros do seu time percebem na sua organização? Isso dá significado a eles?

Propósito está diretamente ligado aos valores. Se as pessoas que você quer envolver tiverem valores e causas que se alinham com as suas, o poder de comprometimento delas com o seu projeto será incrível. Então, o que as organizações devem fazer? Convencer as pessoas a terem os mesmos valores que elas? Certamente, seria ótimo caso isso fosse possível. Mas que tal atrair e manter pessoas que já tenham esses mesmos valores? Esse, sim, é o caminho.

Nem sempre esse propósito precisa ser nobre. Ele apenas precisa existir e estar claro. Um grande desafio também inspira – e muito –, mesmo que não seja propriamente belo ou efetivamente altruísta. Muitos seguem causas que não prometem beneficiar a alguém, a algo ou ao planeta. Apenas compram uma causa que os faça se sentir parte de algo maior, que os lance em uma missão, que represente a bandeira sob a qual se sentem seguros, pertencentes e instigados.

Aliás, as bandeiras (agora no sentido literal) são elementos muito eficientes na construção dos vínculos entre as pessoas e a organização. Desde a Idade Média, as bandeiras têm sido a razão de grandes sacrifícios. Milhões de pessoas já morreram por bandeiras, pois atrás delas existe uma forte sensação de pertencimento, um compromisso com a coerência de seguir aquilo pelo qual um dia se comprometeu (ou jurou), e a sensação de estar conectado a uma grande missão, algo muito maior do que a própria individualidade.

Diversos funcionários da Harley-Davidson, famosa fabricante de motos, tatuam o brasão da empresa no corpo.[83] Muitos executivos de diversas empresas rejeitam propostas financeiramente mais vantajosas para estarem no lugar em que se sentem cuidados e conectados, por estarem vinculados àquela bandeira. Vamos, então, ao importante passo de analisar o que fortalece esse vínculo.

UMA LIDERANÇA INSPIRADORA

Quando as pessoas não trabalham para quem acreditam, há um limite de entrega. Ninguém está disposto a percorrer a milha extra, aquele "algo a mais", por alguém em quem não acreditam. E é essa milha extra que um missionário entrega, principalmente quando você mais precisa.

Muitas organizações possuem "ícones inspiradores", que são lideranças históricas, ou as próprias histórias que inspiram outros a perseguirem um ideal. Esse "ícone inspirador" é mais que uma liderança inspiradora; é um personagem que representa a "alma da organização".

Quando Steve Jobs morreu, por exemplo, não somente colaboradores da Apple, mas também milhões de clientes se sentiram órfãos. Ainda hoje, a Apple se beneficia desse personagem inspirador, que é a face inconformada e transformadora da companhia.

Outros líderes, como Vilmar Ferreira e a sua história de menino da roça que venceu no mundo do aço, ou Ivens Dias Branco, Silvio Santos, entre tantos outros, exercem em suas empresas o papel de "ícones inspiradores", e a cultura que eles implementaram está incrustada no DNA das organizações, inspirando as pessoas. Cada componente é chamado a honrar essa memória, a cumprir tal missão.

Você também deve ser uma liderança inspiradora.

---

[83] OLIVEIRA, P. Harley-Davidson leva fãs da moto para estúdio de tatuagem. **Mundo do Marketing**, 9 maio 2017. Disponível em: https://www.mundodomarketing.com.br/ultimas-noticias/37335/harley-davidson-leva-fas-da-moto-para-estudio-de-tatuagem.html. Acesso em: 30 set. 2022.

UMA CULTURA BEM DISSEMINADA

A cultura é a base de uma organização excelente que promove equipes excelentes. Seja ela pequena ou grande, a cultura deve estar bem alinhada e compreendida por todos. É a cultura que define as cores da sua bandeira que, ao ser vista pelo colaborador, deve representar os elementos da organização. Nela estarão os valores, o jeito de ser, o que é percebido como certo ou errado – e tudo isso deve se traduzido nos hábitos coletivos do time.

Algumas empresas, organizações ou mesmo alguns clubes esportivos possuem na própria história um "ícone inspirador", como é o caso do Celtics e a 17ª flâmula da vitória, ou a Toyota e seu modelo inovador de gestão. Os valores e a cultura dessas marcas são a maior fonte de inspiração.

O GATILHO DE COERÊNCIA QUE VOCÊ AJUDA A IMPLANTAR

Um experimento do qual participei exprime bem esse gatilho mental. Na dinâmica, a *coach* Marília Fiuza dividiu um grupo de executivos de uma mesma empresa em duas equipes menores, apresentando a seguinte proposta: a partir daquele momento, apenas um dos grupos se manteria na empresa e, para isso, deveriam explicar os motivos pelos quais mereceriam permanecer. Durante meia hora, cada grupo debateu internamente uma maneira de defender os membros e, ao final, as duas equipes apresentaram as suas defesas. Seguiu-se uma discussão acalorada, na qual cada lado afirmava veementemente que o seu grupo era melhor e mais importante, estimulados pelo senso de sobrevivência. Eles não chegaram a uma conclusão de quem deveria ficar e quem deveria sair. Ambos se achavam merecedores de permanecerem na organização.

Finalmente, a condutora do experimento mudou a proposta. A ideia agora era reorganizar os dois grupos para se formar um único, capaz de representar a empresa da melhor maneira possível, com a quantidade de membros equivalente à metade de todos eles. Na prática, algumas pessoas de um grupo teriam que migrar para o outro de modo a formar o grupo final. Os demais poderiam ser demitidos.

UM TIME PRA CHAMAR DE SEU

No entanto, nenhum dos participantes aceitou sair do seu grupo e passar para o outro. Todos continuavam a afirmar que já estavam no local certo, capaz de representar perfeitamente a empresa, o que de fato não era uma verdade. Havia, sim, membros de ambos os grupos que fariam um grupo final mais completo e no fundo eles sabiam disso. A ideia da dinâmica era demonstrar que todos deveriam se entender como parte de uma única equipe e não deixar que "silos" ou agrupamentos não integrados uns aos outros atrapalhassem essa unidade.

Porém, para mim, o experimento comprovou a força do pertencimento associado ao gatilho de coerência. Após eles se entenderem como equipe, defenderam bravamente a posição, apoiaram uns aos outros na defesa de qualidades e repetiram isso várias vezes. Então, seria incoerente voltar atrás.

Você pode desenvolver o mesmo com seus liderados. Criar pouco a pouco esse gatilho mental, ao reafirmar sempre o que defendemos, nossos valores, o propósito e o compromisso com o time e a empresa. É, mais uma vez, fruto dos nossos hábitos. E você pode usar diversos elementos como ferramentas.

Em uma pós-graduação internacional,[84] estudamos o case Mary Kay Cosmetics. Em um vídeo, vimos o cenário da reunião da Mary Kay, na qual o coro de vozes repetia uma canção que exaltava a empresa, os produtos e o que ela representava. Aquilo era repetido muitas vezes em momentos diversos. E, aliado à percepção positiva da missão da empresa, tudo se tornava cada vez mais verdadeiro para todos. Ali se instalava o amor à bandeira e um gatilho de coerência.

No caso da Mary Kay, com os hinos, os ritos e os elementos físicos, é reforçada a presença da marca na vida dos membros das equipes, mantendo viva e forte a conexão de todos com a bandeira. Pessoas de destaque na empresa ganham um carro rosa e sentem orgulho em circular com ele, demonstrando profunda vinculação emocional com a empresa. Mas, além disso, elas possuem objetos de uso pessoal personalizados, participam de eventos privados, além de gestos e símbolos que são adotados e que fortalecem a percepção da importância da Mary Kay na vida das colaboradoras.

---

[84] PGDL. *op. cit.*

A MILHA EXTRA: FORMAR MISSIONÁRIOS

Cada vez mais se formam vínculos emocionais entre equipe e empresa. Cada vez mais a bandeira da Mary Kay está inserida no coração de suas missionárias.

O missionário é alguém que é lançado em uma missão e compreende até onde precisa chegar, sabe o que fazer para alcançar esse alvo, está consciente de que há um time que confia nele e tem um compromisso com a execução dessa missão, pois vê a vitória como uma chance de contribuir para o time. O senso de missão enobrece a tarefa e dá um significado maior ao trabalho. Isso retém talentos, mais do que dinheiro.

Imagine você cercado de verdadeiros missionários, desembainhando suas espadas pessoais em prol da bandeira da organização! Esse é o topo da pirâmide. É nesse momento que você pode se olhar no espelho e dizer: "Eu venci!".

CAPÍTULO DOZE

UNINDO AS ENGRENAGENS

Chegou a hora de unir as engrenagens dessa máquina. Esse é o papel do líder. Ser a cola que une as diversas partes. O líder se torna presente, conduz a conversão dos ciclos, promove hábitos e as faces do ecossistema ativo, e, como acabamos de ver, forma missionários. Você, então, de tempos em tempos, reavalia o ecossistema usando as quatro lupas e continua a melhorar tudo aos poucos, traduz tudo isso em rotinas. E começa de novo.

Não digo que é fácil, mas é simples. E, gradativamente, se torna mais fácil.

Neste momento, estamos chegando ao final da nossa jornada, e é importante reforçar alguns pontos do seu papel como líder-gestor.

CUIDE DO SEU TIME

É essencial que os liderados percebam que você cuida deles. Isso se fortalece com os MIGs, ao ouvir sobre os sentimentos, as opiniões e criar conjuntamente uma visão instigante, alinhando expectativas. E usar dos chamados *giftworks* da GPTW, em mensagens recorrentes de gratidão, pertencimento e cuidado. Como neste exemplo:

— Preciso ir para casa mais cedo. Meu marido está fazendo aniversário e, desde que teve covid, não celebramos a recuperação dele.

— Pode sair mais cedo, Rayane. E, neste final de semana, saiam juntos, vão em um bom restaurante e depois me mandem a conta.

— Jura?

— Claro, essa celebração tão importante merece um momento especial.

Gestos como esse engajam o colaborador. Poderia ter sido apenas a permissão de sair mais cedo, ou mandar um recado do time para o marido. Nessas ações, a mensagem que deve ficar é: "Ele se importa". Ser líder, antes de tudo, é se importar com as pessoas.

COMUNICAR-SE BEM É ESSENCIAL

Nunca se esqueça da importância da comunicação. Se precisar focar seus esforços em uma coisa, que seja melhorar sempre a comunicação do seu time – entre o próprio grupo e entre eles e os clientes internos e externos.

A pior comunicação é a falta dela ou a comunicação impositiva. Sendo assim, é algo que deve ser acordado e estimulado, dando espaço para que as pessoas se sintam confortáveis em intervir e num ambiente em que todos assumam o desafio de se aperfeiçoar sempre.

Não se esqueça ainda de que fazer perguntas é uma ótima ferramenta para gerar uma comunicação de qualidade, pois elas expandem as possibilidades.

BOM *VERSUS* "BONZINHO"

O líder não deve ser demasiadamente duro, mas precisa ser firme. Não confunda ser um bom líder com ser "bonzinho". O líder-gestor precisa ser firme.

José Mourinho é um dos maiores técnicos da história do futebol, grande vencedor em diversas ligas, dono de uma personalidade muito forte e, às vezes, de atitudes até excêntricas. Todo mundo sabe que ele não é uma pessoa fácil, mas, ainda assim, tem uma capacidade enorme de estabelecer uma profunda conexão com seus liderados, aliando autoridade com a gestão de um ecossistema que extrai o melhor das pessoas. O fato de ser firme não exclui o seu papel de líder relacional e humano.

Após vencer mais uma vez a Champions League, agora com a Inter de Milão, ele não quis se juntar aos jogadores para a comemoração, pois havia aceitado o grande desafio de treinar o Real Madrid e sabia que, se fosse a Milão, poderia voltar atrás em sua decisão, devido a seu forte vínculo com os jogadores, que ele costumava chamar de "meus garotos". Na saída do estádio, quase fugindo, ele viu um deles fora do ônibus e não resistiu: parou o carro, saiu e resolveu ir ao encontro do jogador para abraçá-lo. E ali ficou sem dar uma palavra, apenas chorando, sabendo da separação inevitável. Ali estava, por trás do comportamento forte, que cobra e estressa, um líder que se preocupa com as pessoas.

No documentário *Playbook*,[85] da Netflix, que dedica um episódio a Mourinho, fica a mensagem: "Para mim, o conceito de equipe é uma das coisas mais bonitas. Eu tenho times de vinte e cinco, vinte, dez anos atrás.

---

[85] THE PLAYBOOK. *op. cit.*

E ainda somos um time. Se alguém precisar de um de nós, basta dar um toque e estaremos ao seu lado".

Ser firme é tomar decisões e respeitá-las. É falar e cumprir. É definir e cobrar. É não renunciar ao que é certo e ao que foi combinado. É tomar decisões difíceis, se necessário. O líder não deve se omitir diante da ação corretiva e deve dar o exemplo da excelência.

PODAR E ENXERTAR

Essa é uma competência coletiva que vai além de desenvolver pessoas. Muitas vezes será preciso trocar alguns colaboradores, e se você se sente desconfortável nesse papel, entenda que você não é o líder de uma pessoa. Antes de tudo, responde pelo bem de uma equipe.

Isso me lembra o exemplo do meu avô Eliezer, que além de um grande empreendedor foi um apaixonado por cultivar plantas frutíferas. Certa vez (eu era muito jovem), ele me explicou sobre a importância de podar e enxertar para se obter uma planta mais forte. A escolha cuidadosa dos galhos a serem cortados na poda era uma manifestação de cuidado com um cajueiro, por exemplo. Do mesmo modo, deve ser o seu cuidado com o time. A poda é um processo que pode fortalecê-lo.

Entender quem precisa ser cortado é um ato de amor pelo grupo. Quando definimos claramente a competência coletiva que desejamos para o nosso time, essa decisão se torna mais simples. Você deve ser rigoroso na escolha de quem vai colocar dentro do seu ecossistema, que já pode vir com as características básicas desejadas (especialmente valores), ao passo que precisa identificar aqueles que não estão acompanhando o processo de evolução do time e substituí-los.

Fazer esse julgamento entre quem vale ou não a pena manter no time é o desafio. Por isso, prefiro citar alguns motivos pelos quais você com certeza deve preservar os demais e achar oportunidades de enxertar novos ramos que fortaleçam a planta da qual você cuida. Você verá que tem mais a ver com as competências comportamentais do que com as técnicas.

- **Não querer aprender**: Tem gente com quem não adianta insistir. Por mais que você tente ensinar, elas não querem aprender. Não se esforçam para se adaptar. Não acreditam em evoluir para um caminho de excelência. São adeptos do "vai assim mesmo". Não adianta perder tempo com eles;

- **Ser ingrato**: A pessoa ingrata é terrível no time. Você vai fazer um esforço enorme de integração, vai abrir portas e, no final, ela, além de não reconhecer, vai exigir sempre mais, sem dar nada ou muito pouco em troca. Talvez esses sejam os piores;

- **Ser um pessimista inveterado**: Existem pessoas que conseguem enxergar coisas terríveis nas situações ruins e, inclusive, coisas ruins nas situações boas. Esse ponto de vista reflete a maneira como essa pessoa está lidando consigo e, infelizmente, age como um círculo vicioso que tende a tornar o seu mundo particular cada vez mais negativo. O pessimismo influencia o time e, se ele é crônico, deve ser eliminado, mesmo que venha de uma pessoa com grande competência técnica. Vale a pena tentar virar a chave desse colaborador, com um coach profissional ou um acompanhamento psicológico, mas, se não der certo, o melhor a fazer é podar;

- **Não demonstrar um bom caráter**: O caráter é fundamental. A falta de caráter não é algo que você vai corrigir ou ensinar. Honestidade é fundamental em uma equipe; respeito mútuo, também;

- **Ser vitimista recorrente**: Há aqueles que sempre estão se colocando no papel de vítima e encontram desculpas e justificativas para a sua baixa performance ou para o descompasso com o time. O primeiro passo para mudar algo é assumir a responsabilidade pelo acontecido. Se uma pessoa insiste em não assumir, não irá mudar nada;

- **Não ser capaz de enxergar o coletivo**: Há pessoas que não conseguem enxergar a necessidade do outro. Não têm nem valorizam a empatia. Não querem ou não valorizam o trabalho de grupo. São puramente individualistas. Nesse caso, se existir áreas ou atividades nas quais elas possam atuar de maneira individual, como um vendedor que sai da equipe e trabalha como representante, ou alguém que atua como um especialista de maneira isolada, ainda é possível realocá-las. Se não, já sabe, né?

Se a pessoa não se encaixa em nenhuma dessas hipóteses, na maioria das vezes há o que ser feito. Esse profissional pode até não estar entregando o que você deseja, mas ainda há como capacitá-lo. No entanto, há de se fazer também uma autocrítica quando um membro do seu time não está bem. Principalmente se, em algum momento do passado, ele dava um show de performance. Nas mãos de uma liderança com problemas, qualquer chama pode se apagar. Já vi inúmeros exemplos de grandes profissionais que se encolhem ao mudar de liderança e outros que renascem ou finalmente brilham nas mãos de um bom líder.

Sendo assim, alguns cenários podem estar acontecendo com você ou algum líder ao seu redor:

- Você não está comunicando corretamente. Há um lema que diz: "Se alguém não entende o que você diz, é melhor rever como você está dizendo";
- Os processos não estão claros e bem disseminados. Pessoas se perdem em processos ruins e não conseguem entregar o que deveriam;
- As competências individuais carecem de um desenvolvimento específico que não foi trabalhado. A pergunta é: Houve instrução suficiente para essa demanda específica?;
- Sua equipe não acredita na sua bandeira. Pode estar decepcionada e desmotivada;
- Há problemas de vínculos e ambientes, talvez ocultos, que prejudicam toda a equipe, mas são manifestados mais facilmente por determinadas pessoas;
- As demandas estão demasiadas. Isso causa nas pessoas um "estresse tóxico", que no médio prazo as adoece, afasta ou desestimula.

Antes de tomar uma atitude em relação a alguém, revise o que pode estar acontecendo. A raiz do problema pode não estar em determinada pessoa e, se for assim, continuará a acontecer novos casos de disfunção se o macro não for corrigido.

E, no caso de enxertar, tome cuidado para que aquele que entrar seja necessariamente melhor do que aquele que sair. O processo de contratação deve levar o tempo necessário para que seja feito com qualidade. Após a seleção, é preciso ter o cuidado de encaixar bem essa pessoa na equipe, dando a ela todo o respaldo para que seja acolhida. Traga pessoas com os valores da cultura que você preserva.

Atente-se também para o fato de que há pessoas certas para determinadas ocupações. Algumas tarefas se adequam mais a um perfil comportamental do que a outro. Aprofunde-se nesse tema acionando QR Code a seguir.

www.voxlideres.com.br/videoslivroutpcs

SEJA A PONTE

Certa vez, perguntei a Edson Spinello, um supercompetente diretor de novelas que já produziu clássicos da televisão brasileira: "Qual é a maior dificuldade em gerir uma equipe tão diversa como os envolvidos em uma produção como as que você lidera?". A resposta foi brilhante: "Ser uma ponte, um maestro que os une".

Seja uma ponte que une pessoas. Estimule que uma agregue valor à outra. Seja esse óleo que lubrifica a máquina de engajamento que você ajuda a criar. Seja, ainda, o maestro dessa orquestra, na qual cada um sabe o que fazer porque foi bem orientado e, assim, segue fluxos claros em processos úteis e bem disseminados, mas também sabe observar a cadência do maestro para que todos estejam sempre em sincronia. Você é o guardião dessa máquina. Entrego em suas mãos essa graça de conduzir pessoas mais produtivas e felizes.

Porém, ainda há o que partilhar. Para isso, gostaria de contar algumas histórias. Vem comigo?

EVOLUÇÃO CONTÍNUA

BONS ECOSSISTEMAS
SEGURO, ACOLHEDOR, INSTIGANTE, MISSIONÁRIO

BONS HÁBITOS
SEMEAR SEMPRE, COMUNICAÇÃO TRANSPARENTE,
FECHAR CICLOS, IMPLANTAR BONS HÁBITOS

BOAS ROTINAS
PRESENÇA, CONVERSÃO DE CICLOS, QUATRO LUPAS
(VÍNCULOS, AMBIENTES, PROCESSOS, COMPETÊNCIAS)

CAPÍTULO TREZE

UM ENCONTRO TRANSFORMADOR

Costumo dizer que "por melhores lagartas que possamos ser, jamais seremos como borboletas". As lagartas vivem em um mundo restrito, limitadas pela sua capacidade de se locomover, rastejando pelo chão. Sua visão de mundo se resume a suposições. No entanto, ao se transformarem em borboletas, passam a enxergar um horizonte de possibilidades infinitamente mais amplo. Podem se deslocar e alcançar outras realidades impensáveis e maravilhosas.

Para isso, as lagartas precisam, antes, passar pelo casulo, em um desafiador processo que as transforma. Pode ser até doloroso ou assustador, mas nós, as lagartas, ao final da metamorfose, ganhamos asas que nos levarão aonde jamais sonhamos chegar.

Todos nós somos chamados, em algum momento da vida, a entrar nesse casulo, rever nossos conceitos, enfrentar os medos, aprender e alçar voo. Jamais seremos como as borboletas sem, primeiro, estar dispostos a nos transformar. Toda mudança começa em nós mesmos.

O MEU PROCESSO DE MUDANÇA

A minha história no desenvolvimento humano começou a engatinhar por volta de 2013. Naquele ano, Aline, minha esposa, e eu vivíamos momentos de certa estabilidade. Ela se preparava para um MBA fora do país, e eu fazia a gestão da unidade de negócios que desenvolvi no grupo Aço Cearense desde 2006, que ia muito bem. Além disso, após a perda do meu pai, despertei no sentido de ampliar minha paixão por ajudar pessoas a evoluírem com a Vox Líderes, treinando profissionais. Mas essa vida tranquila não iria durar.

Certo dia, Aline e eu estávamos na área de conexão do aeroporto de Brasília quando ela me cutucou e disse: "Eu conheço aquele rapaz. Assisti a uma palestra incrível dele". E começou a me contar um pouco da história do Edu Lyra, na época começando o projeto Gerando Falcões. Acabamos nos aproximando dele, conversamos e dali surgiram afinidades. Os três eram sensíveis à visão social: eu, com a Escola de Campeões (que havia fundado em 2005); Aline, com o Instituto Aço Cearense, do qual foi uma das principais fundadoras; e o Edu, com sua missão nascida do sonho de transformar a favela onde cresceu, dando melhores oportunidades aos moradores.

UM TIME PRA CHAMAR DE SEU

Esse encontro deu origem a muitos outros e a um grande movimento de transformação em três frentes importantes. Edu fez palestras na Aço Cearense e em eventos meus, nós participamos de seus encontros beneficentes, o apoiamos e sempre mantivemos contato. Fiquei apaixonado pelo estilo de liderança do Edu, que chamei de liderança magnética. Ele exerce um poder de influência enorme nas pessoas, o que me instigou a me aprofundar no tema. E assim entrei em um casulo. Meus treinamentos testaram e aperfeiçoaram a teoria, em um processo lento e desgastante, mas motivador.

A minha história de transformação individual teria de esperar mais um pouco, pois estava atrelada a outra. O casulo não estava completo. Havia um desafio ainda maior dentro de casa e com ele a oportunidade de aprender muito mais do que em todos os treinamentos, extensões e MBAs. Foi nesse momento que um ciclo se fechou.

Aline se preparava para estudar no exterior e dar continuidade à incrível história de seu pai. Ela acabara de ser indicada como sua sucessora, mesmo sendo a mais nova de três filhos, e participou de sua apresentação no Day 1, evento da Endeavor, no qual puderam contar a história de sucesso do senhor Vilmar, "o homem de aço com coração humilde". Naquele dia, ele a chamou ao palco e juntos protagonizaram um momento emocionante.

Eu, nos bastidores, sabia de todos os receios que existiam por trás daquele desafio. Não seria nada fácil a tarefa da Aline, pois um verdadeiro tsunami atingiu o setor do aço e, mais especificamente, a empresa no final de 2014. O preço do mercado internacional despencou e a instabilidade política da época fez disparar a moeda estadunidense. Todos os contratos firmados, na prática, ficaram caríssimos e já haviam sido vendidos muito mais baratos. A empresa se viu em grandes apuros de caixa, com prejuízos impagáveis no curto prazo. Foi aterrorizador. Muitos sentenciaram: "A Aço Cearense está quebrada".

Cancelamos a viagem. Eu precisei diminuir o ritmo dos treinamentos para ajudar a Aline; o senhor Vilmar e todos os que fazem a família Aço Cearense se envolveram na tarefa de sobreviver à catástrofe. Os anos de 2014 a 2016 foram de muito sofrimento e grande aprendizado, quando expandi os meus papéis para outras áreas, indo além das funções de gestor e consultor. Pude presenciar o trabalho heroico de grandes líderes, como o Ian Corrêa e sua equipe de diretores, conduzindo um exército de missionários que "trincavam os dentes" nas fronteiras de uma guerra cruel.

Mesmo com todos os esforços, no início de 2016, o senhor Vilmar decidiu pedir recuperação judicial, o que causou espanto, tanto fora como dentro da empresa. Aline, seus irmãos e toda a diretoria não aceitaram a decisão e começou ali uma grande queda de braços, que enfim foi vencida pela obstinação do fundador. Naquele momento, ouvimos a voz do presidente, que dizia: "Seremos um exemplo de recuperação no Brasil". E mesmo a contragosto, todos seguiram um único objetivo. A visão da empresa mudou para "conseguir o equilíbrio financeiro até 2024".

E ali se iniciou um novo Day 1, que de um lado era comandado pelo senhor Vilmar, mas com dois protagonistas silenciosos: Aline e Ian. Juntos, eles deram início a um grande choque de gestão na empresa, implantando incontáveis projetos, envolvendo as maiores consultorias do país, as melhores auditorias e, principalmente, os seus colaboradores.

Aline, com sua (e nossa) visão apurada da importância das pessoas, assumiu, além da vice-presidência comercial e financeira, as áreas de comunicação e recursos humanos. Assim, se concentrou em renovar os conceitos fundamentais que constroem os ecossistemas necessários ao sucesso das equipes. Após o corte inevitável de mais de 1.200 pessoas de um total de 4.800 colaboradores, foram reconstruídas as percepções de segurança e acolhimento necessárias para lidar com o ecossistema mais que instigante gerado pela crise, desafiador por si só.

Ficou mais clara ainda a importância da base da pirâmide. Enquanto Aline e sua equipe reforçavam os vínculos e os ambientes, Ian colocava um grande foco nos processos e nas competências. Um ecossistema missionário se fortaleceu em cada novo esforço percebido pelo time. Ao mesmo tempo, se conduziam todas as etapas da recuperação judicial de maneira obcecada. Já na primeira assembleia, o projeto foi aprovado. Senhor Vilmar conduzia com mão de ferro esse processo, com as assessorias interna e externa.

Uma competência coletiva importante e deficiente foi identificada: alinhamento e comunicação integrada. Melhorar essa comunicação se tornou outra visão desafiadora, e todos os gestores, especialmente os da média gestão, passaram por processos para desenvolver essa competência, programas de coaching e outras iniciativas para construir ambientes mais colaborativos. Todos precisavam estar alinhados para onde deveríamos chegar e participar do **como**, cada um ao seu jeito, mas visando a excelência.

Bons hábitos e boas rotinas reforçavam todo esse ecossistema. As pessoas trocavam o medo pela esperança e a noção de que faziam parte de um momento histórico. As quatro etapas da pirâmide se integraram. A gestão com foco nas pessoas deu frutos.

Aos poucos, a Aline se transformou, para a grande maioria, em um novo ícone inspirador dessa nova fase da empresa, no seu papel de acionista. Os projetos implantados começaram a gerar resultados, a cultura de excelência, capitaneada por Ian e seus diretores responsáveis pela operação, permitiu se fazer cada vez mais com menos. E ainda sob a liderança ousada e visionária de Vilmar Ferreira, em 2018, os resultados começaram a ser revertidos, sendo ampliados em 2019, batendo recordes em 2020, quando a empresa galgou mais de trinta posições no ranking da revista *Exame*, que trata das maiores empresas do Brasil.[86]

Ainda diante das apostas acertadas, no início da pandemia de covid-19, que acabou gerando um impulso no mercado do aço, o grupo Aço Cearense obteve resultados inacreditáveis em 2021: superou pela primeira vez a marca de 1 bilhão de dólares de faturamento e o maior lucro líquido percentual do setor. Estava mais forte do que nunca, pronta para alçar novos voos.

Em poucos anos, Aline, até então uma executiva cheia de receios, se tornou embaixadora da Endeavor, diretora regional do LIDE, presidente do conselho do Júnior Achievement Ceará, consolidada como vice-presidente do grupo Aço Cearense, entre outras posições e prêmios que demonstraram sua grande capacidade. Ela estava pronta para abrir as suas asas de borboleta.

---

[86] PADILLA, I. Melhores e Maiores 2021: confira o ranking das maiores empresas do país. **Exame**, 26 out. 2021. Disponível em: https://exame.com/revista-exame/os-desafios-foram-superados/. Acesso em: 10 jan. 2023.

UM ENCONTRO TRANSFORMADOR

Ao longo daquele período turbulento, tive a oportunidade de influenciar muitas importantes decisões desses personagens e, após a tempestade, vivendo a bonança, pude retomar o meu projeto, ainda mais determinado, de ajudar você a entender que é possível ter um sucesso previsível como líder-gestor. Muito do método aqui descrito foi aperfeiçoado nesse período sombrio, de grandes aprendizados práticos.

O tempo passou e o Edu teve a oportunidade de deixar de ser uma excelente lagarta e se transformar em uma enorme borboleta, ao conhecer o superempresário Jorge Paulo Lemann, que o fez conceber o seu "sonho grande" de não mais transformar a comunidade onde cresceu, mas todas as comunidades do país. Em poucos anos, o projeto Gerando Falcões de levar "a favela para o museu" se ampliou para centenas de comunidades impactadas e o Edu se torna a cada dia um fenômeno que ultrapassa fronteiras. Ele conquistou inúmeros prêmios e reconhecimento social, chegando a ser visto como uma das personalidades mais influentes do Brasil[87] e um dos quinze jovens brasileiros com maior potencial para mudar o mundo.[88] Edu foi convidado a carregar a Tocha Olímpica e deu palestras em Harvard e no Google – e isso é só o começo. É difícil, inclusive, prever aonde essa história irá chegar.

O Edu, o Igor (que vimos no início do livro), a Aline e eu, assim como muitos outros, passamos pelo casulo de dúvidas, receios e aprendizados. E cada um, ao seu modo, superou os obstáculos. Nós nos tornamos líderes melhores. Agora é a sua vez. Viva o seu casulo, coloque em prática tudo o que aprendeu aqui e obtenha melhores resultados dia após dia para, assim, impactar pessoas, agregar valor a muitos e à organização como um todo.

Tenho convicção de que você não sairá o mesmo daqui. Uma metamorfose o espera, suas novas asas começaram a surgir e logo você voará. A jornada apenas começou!

---

[87] MEZZADRI, A. J. Lyra: "Sair na lista colocou luz sobre minha liderança". **Forbes**, 28 fev. 2018. Disponível em: https://forbes.com.br/colunas/2018/02/sair-na-lista-da-forbes-colocou-luz-sobre-a-minha-lideranca-diz-eduardo-lyra-sobre-o-under-30/. Acesso em: 10 jan. 2023.

[88] Global Shapers, Fórum Econômico Mundial, 2021.

CAPÍTULO CATORZE

A FORÇA DE UM LEGADO

Todos nós somos movidos por quatro "drives" principais: as conquistas, as experiências, o legado e o aprendizado. Esses drives nos movem para seguir em frente e definem o que nos faz sentir que alcançamos uma dose de sucesso. Assim como nos perfis comportamentais, todos nós somos movidos por um pouco de cada drive, porém pelo menos dois deles se sobressaem.

Um dia alguém me perguntou: "Newton, qual será o seu legado? Qual será a sua marca neste mundo?". Isso me perturbou. Fiquei pensando no assunto por um bom tempo. E acabei entendendo que esse tema perturba todos aqueles que já trazem consigo o germe da liderança.

Silvio Baccarelli,[89] por exemplo, em um dia qualquer de 1996, quando assistia ao noticiário, se deparou com as cenas de um incêndio em Heliópolis, comunidade de São Paulo próxima ao bairro onde ele vivia e trabalhava. Naquele momento, Silvio, um grande maestro, começou a dar aulas de forma voluntária para 36 crianças de uma escola pública da região, mas deve ter pensado que isso ainda era pouco. Alguns meses depois, formou a pequena orquestra de cordas, que deu origem ao Instituto Baccarelli. Daí, algo maravilhoso aconteceu: a formação da primeira orquestra do mundo em uma favela, rompendo inúmeros paradigmas. Vinte e cinco anos depois, o Instituto Baccarelli é uma das organizações sem fins lucrativos mais respeitadas no Brasil e atende anualmente mais de 1.200 crianças e jovens, a maioria vinda da favela de Heliópolis. Coroando o mérito de tanto trabalho, o prestigiado maestro indiano Zubin Mehta aceitou ser patrono da instituição em 2005, e seu diretor artístico é ninguém menos que Isaac Karabtchevsky, um dos maiores maestros da atualidade.

Campbell Remes era um garoto comum, que vivia com seus pais e os oito irmãos em uma casa simples na Tasmânia, na Austrália. Aos 9 anos, ele já se preocupava com a felicidade das pessoas e com o fato de que algumas passavam muitas dificuldades. Um dia, teve a ideia de ajudar as crianças internadas no hospital da sua cidade e pensou em levar presentes de Natal para que "elas se curassem mais rápido". Pediu ajuda

---

89 MAESTRO Silvio Baccarelli: Fundador (1931-2019). **Instituto Baccarelli**. Disponível em: https://www.institutobaccarelli.org.br/maestro-baccarelli. Acesso em: 30 set. 2022

aos pais, mas eles explicaram que não podiam, pois já tinham muitas despesas com a família.

Bumble, como ele gostava de ser chamado, pensou e, mesmo diante do "não" dos pais e da falta de recursos, se perguntou: *E se eu mesmo fizesse os presentes?* O primeiro passo seria aprender a costurar, o que resolveu com horas e horas assistindo tutoriais na internet. O segundo passo veio com uma pequena ajuda financeira da família para comprar tecidos e outros materiais e, assim, ele colocou em prática seu plano: produzir bichinhos de pelúcia para as crianças do hospital. O plano foi chamado de *Project 365*,[90] pois seria um ursinho por dia até o Natal.

Mais de sete anos depois, o jovem de 16 anos ultrapassou a marca dos 3.100 ursinhos, e o contador não para de rodar. Campbell já recebeu muitos prêmios, como o CNN Young Wonder, Citizen of the Year e Pride of Australia, e ele segue impactando a vida de muitas crianças com a ajuda de pessoas comuns e celebridades do mundo todo. E pensar que tudo começou com uma ideia simples e um propósito de transformação que movia aquele menino que dizia: "Ser gentil, e não malvado, mudará muito o mundo".[91]

Essas são daquelas histórias que deixam rastros importantes. E me fazem acreditar que são os líderes que constroem o mundo onde desejam viver, cada um à sua maneira. Pessoas como Campbell Remes, Silvio Baccarelli e tantas outras são motivadas não somente por conquistas, mas porque desejam deixar um legado.

Então, faço a você a mesma pergunta que um dia me fizeram: Qual é a marca que você deixará neste mundo? Qual será o seu legado? Reflita sobre isso.

COMO EXPLICAR O SABOR DE UMA PERA?

O escritor Ernest Hemingway tinha uma impressionante habilidade de descrever sensações que talvez você nunca tenha experimentado,

---

[90] ABOUT. **Project 365**. Disponível em: https://www.project365.org/about/. Acesso em: 10 dez. 2022.
[91] Tradução livre de "Being kind, and not mean, will change the world a lot".

como velejar em alto-mar, sentindo no rosto o calor do vento. Mas como descrever o sabor de uma pera para quem nunca a provou?

Como explicar o sabor de ser líder para quem nunca experimentou essa sensação? Como descrever a emoção de acompanhar o crescimento de outra pessoa e vê-la brilhar, sentir que está inspirando outros a também multiplicarem oportunidades?

Eu assumi o desafio de tentar descrever o sabor de uma pera neste livro, agora o desafio é seu. O líder é um construtor de gente; ele cria a estrutura, levanta a base para que outros possam subir as paredes e para que o grupo possa finalizar a edificação do monumento. Se não há uma impressão digital igual à outra, o mesmo vale para a marca que você deixará neste mundo: só você poderá fazer o que precisa ser feito da maneira como só você faria.

Liderar uma equipe é construir um legado, multiplicando-o na vida de centenas de milhares. Eu me lembro claramente do rapaz que começou abrindo e fechando a porta de um galpão e se tornou um grande gerente. Do estofador que se tornou empresário, da assistente que se tornou coordenadora, dos outros profissionais que cresceram e seguiram carreira em outras empresas, e dos que ficaram e evoluem a cada dia. Também dos executivos que passam pelos treinamentos e não somente se tornam muito melhores, como também desenvolvem novos líderes ainda melhores. Ao construir novos líderes, deixamos um grande legado.

Os líderes criam o mundo em que desejam viver porque são naturalmente inconformados e sabem do poder da transformação sobre a realidade. O nosso papel de líder-gestor é este: gerir uma equipe e trazer resultados para esse grupo, mas também de assumir a mudança que queremos ver, ser agentes de transformação do mundo.

Enxergar o legado que se constrói ainda em vida é um grande presente. É o que sinto ao ver os frutos da Escola de Campeões, da Vox Líderes, do meu papel como gestor e desta obra. Então, motivo você a pagar o preço e construir um legado claro do qual possa se orgulhar. Preencha a lacuna abaixo com os seus feitos:

Aqui passou _____ **e deixou este legado:**
_____.

COMO DESCREVER A EMOÇÃO DE ACOMPANHAR O CRESCIMENTO DE OUTRA PESSOA E VÊ-LA BRILHAR, SENTIR QUE ESTÁ INSPIRANDO OUTROS A TAMBÉM MULTIPLICAREM OPORTUNIDADES?

A FORÇA DE UM LEGADO

Uma equipe espera por você e, por meio da sua liderança e da sua gestão, seus integrantes também construirão um grande legado. Sua equipe não é apenas o seu sucesso, mas o sucesso de muitos. É uma oportunidade extraordinária! Você pode sair daqui e começar a montar ou aperfeiçoar, ciclo após ciclo, uma equipe que te reconheça não somente agora, mas após vocês não trabalharem mais juntos. Eles irão continuar a fazer parte de "um time pra chamar de seu".

Então, agora que você faz parte do nosso time de líderes, lhe proponho um desafio final: seja um missionário dessa proposta, um instrumento de transformação na vida das pessoas e no mundo, além de um multiplicador. Para que, juntos, todos nós possamos construir um legado coletivo e eterno muito maior do que nós mesmos. Um dia, assim como Andréia, espero cruzar o seu caminho e te encontrar com um sorriso no rosto que transpareça o sentimento delicioso que os líderes carregam e que diz: "tudo valeu a pena!".

Este livro foi impresso pela Bartira Gráfica
em papel pólen bold 70 g/m² em março de 2023.